COMPADRES E COMADRES

SETE HISTÓRIAS DE EXUS E POMBOGIRAS

COMPADRES E COMADRES

SETE HISTÓRIAS DE EXUS E POMBOGIRAS

ADEMIR BARBOSA JÚNIOR (DERMES)

SATTVA EDITORA

2016

Editora: Vivian Lerner
Revisão: Vivian Lerner
Projeto gráfico, diagramação e capa: Luiz Zonzini

Dados Internacionais de Catalogação na Publicação (CIP)
(Câmara Brasileira do Livro, SP, Brasil)

Barbosa Júnior, Ademir
Compadres e comadres : sete histórias de Exus e Pombagiras / Ademir Barbosa Júnior (Dermes). -- São Paulo : Sattva Editora, 2016.

Bibliografia.
ISBN 978-85-67977-02-7

1. Exu 2. Ficção umbandista 3. Pombagira 4. Umbanda I. Título.

16-08065 CDD-299.6720981

Índices para catálogo sistemático:

1. Umbanda : Literatura umbandista : Religiões afro-brasileiras 299.6720981

Para Karol, meu amor.

Sete

Diversas tradições espirituais, religiosas e culturais consideram o número 7 sagrado, cabalístico, espiritual. Além disso, sete são as cores do arco-íris, os dias da semana, as maravilhas do mundo (ao menos as da primeira listagem), os principais chakras etc.

A presença desse número é bastante grande na Umbanda, em especial quando se fala das Sete Linhas e de nomes de Guias e Guardiões, por exemplo.

Aos Desavisados:

Os Exus, na Umbanda, trabalham a serviço dos Orixás e, portanto, da Lei Maior, como demonstram alguns dos célebres pontos cantados de *Esquerda*.

O sino da igrejinha faz belem blem blom
Deu meia-noite o galo já cantou
Seu Tranca-ruas que é o dono da gira
Oi, corre gira que Ogum mandou

Foi, foi Oxalá
Quem mandou eu pedir, quem mandou eu rezar
Que as Santas Almas viessem ajudar
Seu Tranca na encruza de joelho a gargalhar

Oi, botaram um despacho na encruzilhada pra me derrubar
Não adianta, não adianta, eu também sou de lá
Se meu pai é Ogum, se meu pai é Ogum
E minha mãe é Iemanjá
Já falei com Seu Sete, ele é meu compadre
Ele vai me ajudar
Você vai pagar, você vai pagar
Vai ter que pagar

Evidentemente os dois últimos versos do terceiro ponto cantado ("Você vai pagar, você vai pagar/ Vai ter que pagar") não devem ser entendidos como ameaça ou vingança, mas como um lembrete de como funciona a Lei de Ação e Reação.

Introdução

O desejo de escrever este livro nasceu de uma conversa com o Sr. Tranca-ruas do Embaré, um dos Exus que trabalha com Mãe Karol de Iansã, minha esposa e dirigente da T. U. Iansã Matamba e Caboclo Jiboia (TUIMCAJ). Nessa conversa, incorporado, o Sr. Tranca-ruas pediu que, num dos meus escritos, colocasse determinada informação a respeito da qual ele dissertara. Então, veio a ideia do livro, e a informação foi aqui colocada. A lição é do Sr. Tranca-ruas e somente será revelada a Mãe Karol após a publicação do livro.

O livro não foi escrito sozinho. Embora não seja psicografado ou propriamente ditado, a intuição, mais do que nunca afinada, captou ensinamentos, fios narrativos, situações etc. Trata-se de obra ficcional para a qual me vali de lições, características de Exus, Pombogiras e outros por mim e por Mãe Karol conhecidos. Em outras palavras, nenhum Exu, nenhuma Pombogira está aqui contando alguma de suas encarnações. Ao menos, não de forma explícita. Flashes de encarnações de uma ou outra Entidade poderão estar no livro, bem como ocorrências reais em terreiros, em minha caminhada espiritual, na de mãe Karol e de outros irmãos.

Em todos os meus escritos, por editoras diversas, em entrevistas, bate-papos, filmes e outros, procuro dar espaço para a Esquerda, o segmento espiritual mais aviltado quando se fala da amada Umbanda. Por vezes, os próprios umbandistas mistificam ou diminuem a importância do trabalho da Esquerda. Por essas razões, nasceram, em especial, o livro "Saravá Exu" e a coleção Laroiê (11 volumes), publicados em 2014, bem como o livro "Por que nascem os Erês e gargalham os Exus", publicado em 2015, todos pela Editora Anúbis. Também divulgo bastante a palestra voluntária de Mãe Karol "Exus e Pombogiras – agentes de luz nas trevas", que foi aliás, desenvolvida no 1°. Simpósio On-line de Umbanda (2015), do qual também participei como palestrante. "Agentes de luz nas trevas" é um termo que Mãe Karol e eu usamos muito em nossos escritos, já faz anos, assim como outros autores o fizeram. É uma definição profunda e aproximada do trabalho de nossa amada Esquerda. Além dos blogs, grupos em redes sociais e outros, Mãe Karol também prepara a publicação de livros específicos sobre Exus e Pombogiras. Há muito trabalho amoroso para desconstruir o desamor com que são tratados Exus e Pombogiras.

As religiões tradicionais de terreiro (ou afrobrasileiras ou de matriz africana) se negam a considerar sincretismo religioso a associação entre Exu e o chamado Diabo cristão ou qualquer congênere. Conforme afirma o Exu Veludo que tem a humildade e a paciência de trabalhar com e por este médium, "Quem diz que Exu é diabo já vive no inferno."

Escrever este livro me deu muita alegria e muito prazer. A maior parte de sua redação foi diante do altar da T. U. Iansã Matamba e Caboclo Jiboia (TUIMCAJ), dirigida por Mãe Karol e da qual sou Pai Pequeno, até agosto de 2016, quando terei meu levantamento de Pai Maior. As funções se ampliam, mas o trabalho é o mesmo: servir. Como costumo sempre repetir, somos todos cambones. Toda a Espiritualidade, mas em especial a Esquerda, vai aonde for preciso para resgatar um filho. Assim foi comigo, assim foi com cada um de nós, ainda que não nos lembremos. O Caboclo das Sete Encruzilhadas, por meio de seu médium, Zélio Fernandino de Moraes, ensinou: "Com os espíritos mais evoluídos aprenderemos. Aos espíritos menos evoluídos ensinaremos e a nenhum renegaremos." Direita e Esquerda assim o fazem. E eu e você, meu irmão, minha irmã?

Minha gratidão especial a toda a Esquerda que sempre me acolheu tão bem, em todos os templos. Tantos me protegem, me guiam, me ensinam sem nem mesmo eu saber. Gratidão ímpar ao Sr. Exu Veludo. De modo também afetuoso, gratidão mais que especial a D. Maria Padilha das Sete Catacumbas, que trabalha com Mãe Karol de Iansã, e ao Sr. Zé Pelintra das Almas, meu advogado. Ambos, certamente com a ajuda de muitos/todos são os principais responsáveis por estarmos juntos. São, portanto, nossos padrinhos de casamento, sim. E, se alguém achar heresia, por favor, pegue a fila para botar lenha nas fogueiras diárias que tentam queimar a nós e à nossa TUIMCAJ.

Laroiê!

Mojubá!

O Autor

O Assalto

Roberson havia ganhado uma imagem de Zé Pelintra de Pai Caroço.

- Olhe, menino, não é bem um Exu, mas é Malandro, e dos bons. Se a sua intenção for assaltar, peça proteção a ele. Bote uma velinha vermelha, um copo de cachaça e até mesmo a arma para dormir no pé de Zé Pelintra. Sim, o três-oitão fica abençoado, ainda mais que é arma velha, precisa de amparo para não falhar. Tenha força no Seu Zé e os R$ 3.500,00 que me deve por essa dica, a imagem e um trabalho que farei com um galo você me paga depois, em vezes.

Roberson ficou impressionado, guardou a imagem e agradeceu. Pai Caroço era famoso, separava casais, amansava corno, matava patrão desagradável. Tinha puxado apenas dez dos trinta anos de cadeia, alguma coisa a ver com a esposa do diretor do presídio, que apareceu morta para o diretor poder se casar com uma loira bem mais jovem.

Já em casa, Roberson colocou a imagem de Seu Zé na cozinha, numa peanha, onde antes havia um filtro d´água. Firmou a vela num pires meio quebrado, colocou um copo cheio de cachaça e pediu auxílio para aquela imagem negra de terno branco ou para o espírito que ela representava. Não sabia bem, não importava. Para facilitar o assalto, estava de bom tamanho.

O assalto... Roberson planejava fazia meses. Demitido da casa do Sr. Feltrini, onde havia trabalhado como motorista, pegou o seguro-desemprego, mas nada de trabalho novo. Tinha raiva do Feltrini, velho cercado de livros, aposentado e que ajudava uma creche. Podia ser boa pessoa, mas demitira Roberson. É verdade que andara chegando tarde ao trabalho por conta da cachaça, da maconha, mas era bom motorista. Agora, seria bom assaltante. O velho tinha alguns badulaques no cofre, embaixo da casa, em algum lugar, ele sabia. Não podia viver apenas de livros e do carinho da esposa. Enxergava pouco, por isso admitia motorista. Parece que havia sido professor de faculdade.

O três-oitão, Roberson conseguiu com um colega de copo e sinuca para quem sempre perdia. Preço bom. Foi ele também que indicou Pai Caroço.

- Tenho medo dessas coisas – confessou Roberson, sem medo.

- Essas coisas vão te ajudar, Mané. Pai Caroço não falha. E faz em vezes. Você não precisa matar o velho, embora eu mataria. Apenas pegue umas coisas e pronto, você terá grana para uns meses. E sempre poderá pagar uns petiscos e uma cervejinha para este amigo. Com o Pai Caroço não apareça sem ligar.

Roberson ligou. E apareceu. Casa discreta. Um quartinho no fundo onde Pai Caroço atendia. O apelido, Caroço, vinha de um carocinho na testa, como explicou a Roberson. No quartinho, toda sorte de imagens. Numa estante, santos católicos. Ao chão, uns diabinhos, uns tridentes, Roberson não sabia bem o que era. Também não interessava. Se os diabinhos iam ajudar no assalto, azar do velho e sorte sua.

O assalto fora marcado para uma segunda-feira, dia de Exu, como aconselhou Pai Caroço. Roberson estava confiante. Novos assaltos viriam. Vela e cachaça estavam no orçamento e o neguinho da imagem parecia gente boa.

Vela acesa e cachaça no copo, Roberson rezou:

- Seu Zé Pelintra, o senhor que também foi bandido, me ajude. Não quero morrer no assalto, não quero ser preso. Já lhe dei vela e cachaça. Se o senhor pedir mais alguma coisa, também dou. Só peço que ajude.

Colocou o revólver na cintura e caminhou rumo à casa do velho Feltrini. Em quinze minutos chegou ao pé da alameda, visualizou a casa. Silêncio. O plano era fácil: pular o muro, quebrar a janela ou forçar a porta que dava para o quintal. Só moravam velhos na rua, nenhum cachorro, ninguém ia ouvir.

Roberson começou a subir a alameda com mais velocidade. Chegando perto de uma aroeira, sentiu como se lhe pegassem pela canela, num golpe. Bambeou na hora e bateu a cabeça no tronco da árvore. Antes, pôde ver que o revólver saltou da cintura e caiu num bueiro próximo. Desmaiou. E viu Zé Pelintra, que lhe sorria e fumava.

- Boa noite, moço! Você pediu minha ajuda e Seu Zé está aqui. Em primeiro lugar, nunca fui bandido. Se usava truques no carteado, era para tirar dos abonados orgulhosos e distribuir entre meus camaradas e as mulheres que eles mesmos exploravam. Se frequentei as camas de mulheres casadas, nunca deflorei donzelas. Errei muito por não compreender o todo, os lados de uma mesma situação, mas bandido eu nunca fui.

- É o senhor mesmo? Gostou da cachaça e da vela? Onde estamos? Preciso logo fazer o assalto...

- Moço, a cachaça e a vela não foram para Seu Zé Pelintra, mas para algum quiumba que podemos chamar de Zé Pilantra. Eu não favoreço assaltos. Eu não protejo ações maléficas. De fato, eu o ajudei. O moço pediu e eu ajudei. Não sentiu o golpe na canela? Fui eu que o derrubei.

- Mas o que aconteceu? Onde estou?

- Olhe para o lado e veja seu corpo físico. O moço está em desdobramento. Estamos num hospital e Seu Zé é o único que pode fumar aqui, neste quarto. Você bateu a cabeça e o revólver caiu num bueiro. Foi socorrido pela polícia. Sim, pela polícia, que o trouxe inconsciente a este hospital. Seu Zé também cuidou para que não achassem a arma.

- Eu peço ajuda e o senhor me derruba?

- Derrubar era a melhor maneira de ajudar você, já que estava a pouco da casa daquele senhor. Ia fazer besteira. Mesmo sem cachorro, segurança humano e aparatos eletrônicos, ia fazer besteira. Pediu ajuda e eu ajudei.

- Ainda não entendo...

- O moço tem méritos, sempre trabalhou, foi cortês com as namoradas que teve. Aliás, está sozinho porque quer. Além disso, sua mãe, já desencarnada, também intercedeu pelo moço junto a Deus, a toda a Espiritualidade e, claro, a Seu Zé. Muito gentil e educada sua mãe...

- E o que acontece agora?

- O moço ficará aqui se recuperando. Vai se lembrar sim desta conversa. Seu Zé, como bom malandro, sugere: arrume uma ocupação digna, como motorista, numa loja, enfim. Tem jeito para construção, pode até vir a ser um empreiteiro. Jogue por lazer, não por vício. Beba sua cervejinha com prazer e não para se alterar. Mas as decisões são suas. Nada é isolado, moço. Sempre respeitamos o livre-arbítrio, a Lei Divina, trabalhamos para também evoluir e consertar os erros.

- Entendo... Acho que entendo... E agradeço. Mas não foi isso que Pai Caroço falou do senhor.

- Moço, com todo o respeito e sem discriminar ninguém... Pai Caroço? É caroço no seu angu. Aquilo nunca foi Pai. Usa a mediunidade para extorquir e trabalha com quiumbas, espíritos que estão distantes da luz, não com Orixás, Caboclos, Exus, enfim. O tempo dele já deu. Amanhã será preso por estelionato, você vai saber pelos noticiários. O amigo que lhe vendeu a arma também. Ambos estão envolvidos em alguns homicídios, dentre os crimes mais graves. Seu amigo... Ele lhe rouba tanto na sinuca. Você não é tão ruim assim... Ele rouba...

- Por que o senhor bebe cachaça?

- O álcool e o fumo, na Espiritualidade, atuam no plano terreno, purificando e energizando. Seu Zé não precisa de álcool e fumo onde está. O moço me vê com um cigarro plasmado, defumando o ambiente. Fumo, mas não trago. Da cachaça no altar que o moço preparou, retiramos energia, a contrapartida etérica. Naturalmente quiumbas tentaram se apossar da cachaça para se viciarem, mas eu e mais alguns camaradas os espantamos. Seu Zé não é Exu, mas também trabalha na Esquerda. O moço ainda vai aprender muito sobre Direita e Esquerda e trilhar o caminho do meio, do equilíbrio.

- Então, só me resta agradecer pela rasteira.

- Seu Zé é que agradece a oportunidade. Agora durma mais um pouco. Trabalho não faltará. Na carne e no espírito.

O espírito de Roberson, à maneira do corpo, também adormeceu. Seu Zé sorria e fumava. Aquele moço seria um ótimo cavalo. Tinha um carinho especial por ele. Em outra encarnação, Seu Zé soube quando chegou ao Astral, havia sido seu filho carnal, criado pelo marido da amante de Seu Zé, um cacaueiro do interior baiano. O marido nunca desconfiara, mas a esposa sim, reconhecia no bebê os traços do amado amante. O menino foi bem criado, mas isso não isentou o pai biológico de suas responsabilidades. A Lei Divina não falha. Malandro feito, Seu Zé quita a dívida hoje, com Roberson, órfão desde menino. O pai (na outra vida, o cacaueiro) morrera-lhe cedo. A mãe amara noutra encarnação o homem que se apresentava agora como Zé Pelintra. Roberson levaria muitas rasteiras da vida, mas aprenderia a cair e se levantar. Como o capoeira Zé Pelintra.

Sete Saias Do Cabaré

Se eu uso sete saias, moço, não é para esconder o meu corpo ou porque tenha vergonha de quem fui ou de quem sou. Sete Saias do Cabaré é o meu nome, moço, e se fui do cabaré noutra vida, neste plano continuo sendo, mas com funções diferentes, não se iluda.

Uma vez veio um moço na assistência desta casa e começou a me olhar torto. Eu o chamei e perguntei por que me julgava se a mãe dele havia dormido com o motorista, que era seu pai carnal, e não o marido dela. Pensa que ele foi embora? Não, passou a me respeitar e entrou para a corrente. Aprendi na última encarnação que muita gente se ganha na unhada, e não com sorriso.

Fui da vida, moço, e, como diz mais ou menos o compadre Veludo, pensando nas mulheres que ficam na assistência, se Pombogira foi mulher da vida, o que são essas mulheres? Mulheres da morte? Não, todas somos da vida, sempre, mesmo depois de desencarnadas. A diferença é que algumas fizeram do corpo a própria vida, e não se pode julgar. Mas, sabe, moço, isso pode acontecer no cabaré, como foi meu caso, ou num casamento feito por interesse, sobrenome ou dinheiro.

Sabe onde eu mais atuo hoje, moço? Auxilio mulheres que perdem o desejo, principalmente depois de parir. Ajudo muita moça virgem a aprender a não ter medo do próprio corpo. Consolo, oriento, encaminho mulheres que sofrem todo tido de violência: as que apanham, as que são estupradas, as abandonadas com criança na barriga. Como vê, moço, meu cabaré é de mulher da vida, sim. Toda mulher é da vida. Laroiê, compadre Veludo!

No astral, ajudo num hospital para onde vão mulheres que desencarnam queimadas, estupradas, cortadas. Sabia, moço, que a maioria delas se sente culpada, acha que fez algo errado e que os homens são inocentes, que elas provocaram a violência? Não é triste ver essas mulheres assim, duplamente violentadas? Aqui na sua cidade aconteceu o desencarne de uma moça queimada com ácido e depois esfaqueada, o moço deve conhecer. Ela está reconstituída, linda, plasmada em espírito como a linda mulher que era em terra. O noivo achava que ela tinha vários amantes e ela era fiel. Mesmo que tivesse, moço, isso não lhe daria o direito de fazer o que fez com ela. Por nada nesse mundo. O pior é que ele, sim, tinha várias. Não à toa foi morto por um cafetão descontente, que o achava prosa demais. Sabe quem o recebeu do lado de cá? A noiva que ele assassinou. Linda, curada, cheia de misericórdia e compaixão, o que ele, encarnado, nunca teve com ela.

Eu não fui apenas do cabaré. Eu era a dona do cabaré. Fui abandonada por meu grande amor, um homem em quem confiei, mas que zombou de mim porque eu era pobre. À época, quem não era mais virgem não tinha esperança. Eu me entreguei a ele por amor e nunca me arrependi, nem mesmo depois de abandonada. Tentei entrar para um convento, mas, na primeira noite, acordei com a Madre Superiora me lambendo. Eu não gostei, moço. Chutei a cara dela e fui embora.

Como o desalmado do meu amor tinha deixado um dinheiro comigo, para eu fugir da cidade, afinal, tinha medo que eu o denunciasse, aluguei um sobrado e me ofereci a todos que apareceram. Não gostava, moço, nunca encontrei quentura ou afeto nos braços dos clientes. Há quem diga o contrário. É porque não conhece o quanto eu dissimulava, o quanto chorava escondido. Jurei não mais amar ninguém.

Com o tempo, outras meninas como eu chegaram, duas até repudiadas pelo mesmo homem que amei. Eu as auxiliava como podia, ou seja, oferecendo a casa e dividindo as contas, a sopa, o vinho, a conversa. Tínhamos protetores, mas nenhum amigo. Amigo auxilia de verdade, e não porque você abre as pernas para ele entrar, moço.

O homem que amei tinha uma particularidade. Ao contrário da maioria dos homens da época, não ia a cabarés. O desejo dele era conquistar, seduzir. As virgens, não as casadas, as freiras. Ele era específico em sua diversão. Tanto falaram de minha casa que um dia ele apareceu lá. Foi recebido por mim. Não teve tempo de me reconhecer. Levei-o para uma sala contígua ao salão principal, peguei um punhal para abrir envelopes, presente de um cliente, e cravei direto em seu coração. Sorrindo e apertando os olhos, falei em seu ouvido:

- Sangrei em sua cama. Você sangra em minha casa.

Abri a porta da sala e, com as mãos ensangüentadas, me entreguei ao chefe de polícia, que estava com uma das meninas no colo. O homem que matara era nobre. Em três dias fui julgada, condenada, enforcada. As meninas continuaram a tocar a casa.

Amarguei muito do lado de cá, moço. De fato, o inferno é a gente quem faz, na carne, no espírito, no pensamento, aí ou aqui. No início, sofri toda sorte de agressão e violência. Mas sou altiva, moço. Não chutei a cara da freira? Juntei um grupo de mulheres e passamos a nos defender. Éramos solidárias.

Uma equipe socorrista nos levou para um hospital magnífico, onde, além de tratadas, estudamos muito. Esgotei o ódio no coração, não apenas do meu amor, mas dos clientes, da vida, de tudo. Mas, sabe, moço, nunca mais soube dele, pedi para não saber, não estou pronta para reencontrá-lo. Sim, já evoluí bastante, mas não estou pronta, preciso me aperfeiçoar mais para poder olhar nos olhos dele e não correr o risco de plasmar um punhal e enfiar no espírito dele.

De longe, tenho acompanhado a freira. Está encarnada, se diz médium de uma Sete Saias, faz amarrações, se diz incorporada e dorme com clientes, faz uma farra só em nome da Espiritualidade. Acompanho, moço, porque logo ela vai desencarnar, os obsessores estão pedindo e meu trabalho é, quando ela desencarnar, não deixar que exagerem na arruaça e, assim que possível, trazê-la para tratamento. Não vou chutar a cara dela, moço, vou acalmá-la com passes antes de levar para o hospital onde eu mesma me recuperei.

Sabe o que é amarração, não é moço? É juntar pessoas por meio de magia sem se interessar se querem ou não ficar juntas. Também há quem separe casais. Tudo isso é contra o livre-arbítrio, contra a Lei. Nas barras da minha saia não há espaço para esse tipo de coisa não.

Agradeço a rosa vermelha que o moço trouxe, o perfume. Fico feliz de saber que tem um amor e que luta por ele. Não é fácil, moço, as pessoas falam demais, julgam demais, não vivem a própria vida. Qual o problema de o moço amar outro moço? Não se dão bem na vida, na cama, em tudo? Talvez seja por isso que incomodem tanto.

Sua moça é muito bonita. Se um dia o moço se desenvolver, pode ser que incorpore ou não, isso não importa. Sabe o nome dela? É Rosa Vermelha, moço. Está vendo? Em vez de uma, o moço me trouxe duas, a que tenho na mão e a comadre que sorri para mim e é muito bem-vinda.

Boa noite, moço, que estão cantando para eu subir.

Caminhada

Como você, também sou andarilho e tive muitas vidas. Em algumas fui nobre, em outras plebeu, honesto, criminoso, meio honesto e meio criminoso: não importa, estou aqui e ainda de passagem, pois Exu não para, nem o Orixá Exu, movimento por excelência, nem nós, Guardiões.

O que guardamos, afinal? Pessoas, ambientes, situações. Também aplicamos a Lei, perfeita, que vocês nem sempre compreendem. A cada trabalho aprendemos um pouco mais e compensamos erros cometidos. Muitos de nós já cometemos erros graves. Não falo de levantar a voz para um desafeto, mas de assassinatos, genocídios, situações que vocês consideram absurdas, desumanas, mas das quais diversas vezes fizeram parte, como algozes, não como vítimas.

Na última encarnação, matei e não matei pouco. Não o fiz em legítima defesa, mas em defesa de minha posição social. Médico, envenenei a muitos, em nome daqueles que desejavam acelerar o recebimento de heranças. Tinha minha porcentagem em troca de trabalho, discrição e silêncio. Não valeu a pena nem no momento de fruir o dinheiro conquistado com agonia e morte. A consciência atormentada não me deixava aproveitar as oportunidades, que dirá o sono. Em sonho tinha a certeza de que as vítimas se tornavam algozes a todo instante. Alguns hoje são compadres e comadres e trabalhamos juntos. Outros ainda nutrem sentimentos de ódio e vingança, os quais não conseguem me alcançar e prejudicam apenas a eles. Mesmo que a Lei não me ocupasse de seus resgates, faria questão de trabalhar a seu favor. Eu errei, eu conserto.

Muitos acendem vela na encruzilhada, na calunga, em casa e acha que vamos atrás da chama. Não é a vela que nos atrai, mas o padrão de pensamento. E alguns pensamentos, meu compadre, minha comadre, até nos atraem, mas, conforme a Lei, para tentarmos dissuadir vocês de intenções nefastas ou para simplesmente assistir ao contato com quiumbas, enquanto sorrimos melancolicamente. Quanta besteira se faz em nome de Exu! Vocês fazem verdadeiros pactos de sangue, literalmente vendem a alma (não que esteja à venda, mas vocês mesmo se escravizam) em troca de um troco, de gozos mais que efêmeros. Mas todo gozo não é efêmero? Não, o gozo legítimo, o prazer verdadeiro dura como memória, lembrança, satisfação plena. Um amor, uma conquista profissional, um projeto concretizado, um vinho saboroso bem tomado, a alegria do amor e da cama, o bem que se faz a si mesmo e a outrem: tudo é alegria!

Não é de hoje que acompanho meu *cavalo*. Em sua encarnação anterior, em Portugal, ele me chamava, não pelo nome que tenho hoje na Umbanda, mas ia até a encruzilhada, acendia uma vela preta e pedia proteção. Ele não sabia a que egrégora eu pertencia, nem tinha noção disso. Mas eu já o protegia, embora ele não soubesse quem eu era. Pensava que evocava um espírito da floresta, protetor dos caminhos, que tanto podia fazer bem quanto mal. Eu já havia feito muito mal, inclusive a ele, que, na encarnação em que fui médico-assassino, foi meu pai. Também o matei para herdar. Se fazia isso para os outros, por que não me beneficiaria também?

Na encarnação em Portugal, meu *cavalo* era um alegre aldeão, comerciante querido de todos. Desencarnou em 1914 e mereceu não ver as Duas Grandes Guerras. Reencarnou em 1960, no Brasil, em família umbandista. Os meandros de como me alistei nas fileiras da Umbanda e porque já havia guardado meu *cavalo* em outras terras, preparando-o para esta encarnação, no Brasil, é uma história que guardo para nós. São assuntos de prontuário, perdoem-me o vocabulário médico.

Meu *cavalo* continua a trabalhar na mesma Tenda de Umbanda em que foi batizado e desenvolvido. É um dos médiuns mais antigos, pois os da geração de seus pais já estão do lado de cá da vida. É bastante disciplinado e um dos braços direitos da dirigente espiritual, bem senhorinha, auxiliada pela Mãe Pequena. Muitos acreditam que meu cavalo seria um ótimo dirigente espiritual. E seria mesmo. Mas isso não está em sua coroa, em sua missão. Ele, que deseja servir, com os sucessos e percalços, trata de ser um bom médium na corrente que está. Isso, hoje, parece exótico, quando tantos buscam com sofreguidão abrir o próprio templo depois de participarem de curso de curta duração. Uma pena: ninguém troca de missão. Se o resgate de alguém é ser dirigente espiritual, muito bom. Se não é, muito bom também. Assim como nenhum de vocês troca de corpo durante a encarnação, não se troca de missão. A missão pode ou não ser concretizada, pode demorar a iniciar, pode seguir por trilhas sinuosas, e não em linha reta, mas, por favor, não caiam na tentação de achar que sacerdócio é beleza, é distinção. Eu era médico e virei assassino. Hoje sou Exu. Poderia ser um encarnado, como vocês. No fundo, pouco importaria: tudo seria resgate, tudo seria oportunidade. Como Exu, tenho mais responsabilidades, não sou melhor do que ninguém. E nem pior. Sou filho de Deus, como vocês. A diferença é que me lembro disso o tempo todo, enquanto vocês se esforçam para se esquecer.

Ninguém está sozinho do lado de cá, evidentemente. Temos hierarquia, organização, afeto, companheirismo. Mas também temos individualidade, mesmo usando um nome comum, que nos protege e identifica: Tiriri, Caveira, Veludo, Farrapo, Rosa Vermelha. Às vezes me sinto como um nômade solitário, percorrendo desertos em busca de água, a pele e as roupas manchadas de poeira. Quando encontro a água, bebo, mergulho, me lavo. Enquanto não encontro, não paro de caminhar.

Trabalhamos com inúmeros recursos, sempre com planejamento, autorização e disciplina. Por exemplo, materialização completa só fiz uma vez, nos anos 80 e não foi fácil. Precisamos contar com o ectoplasma cedido por vários médiuns, além daquela que vem do meu *cavalo*, coletado num trabalho de Esquerda, juntamente com a contrapartida etérica do álcool e de algumas comidas. Foi uma experiência gratificante, dada a natureza, a dignidade e o merecimento da pessoa auxiliada.

O ano era 1980 e o franciscano Coriolano estava atormentado pela culpa. Em 1970, após sofrer tortura brutal, acabou confessando que um convento franciscano do interior de São Paulo vez ou outra abrigava perseguidos pela chamada Ditadura Militar (a Inquisição muda de nome e status a cada época, ora como religiosa, ora como civil, ora como militar e geralmente com todos esses aspectos). O Exército visitou o convento e, nada encontrando, um sargento deu uma coronhada na cabeça de um frade idoso, que veio a falecer. Quando soube, frei Coriolano se sentiu culpado. Com apoio psicológico e médico e de seus irmãos de fé, manteve-se o mais firme possível e continuou seu trabalho.

No campo da Teologia, por meio de livros e palestras, frei Coriolano propunha a reaproximação do Catolicismo com os ideais evangélicos de Jesus, o comunitarismo, a reavaliação de valores, dogmas, conceitos. Na área social, trabalhava com a população de rua. Por essas razões, como não atrair a simpatia do Povo da Rua?

O bispo da diocese onde residia perseguia deliberadamente frei Coriolano. Outros bispos escreviam cartas públicas contra o seu trabalho. O Vaticano o ameaçava de excomunhão. Coriolano, sem saber, corria, inclusive risco de morte. O bispo associou-se a um amigo empreiteiro para planejar a morte do frei e descaracterizar seu trabalho. Coriolano seria morto por asfixia por um pau mandado do empreiteiro e seu corpo levado para o motel de um amigo do empreiteiro. O escândalo estaria armado. Não foi fácil desbaratar esse plano.

Mais difícil era lidar com o estado emocional de frei Coriolano. O episódio de 1970 voltava com força. Embora o espírito do frei lhe aparecesse em sonho e o isentasse de culpa, Coriolano caiu em depressão profunda. Com a licença dos superiores, foi passar uma temporada no apartamento de uma prima, na capital paulistana. Descansaria e ao mesmo tempo auxiliaria um pouco o pároco da igreja da Consolação, celebrando missas, mas afastado do trabalho pastoral. A pedido dos médicos, devia realmente descansar.

Embora com a fé genuína a lhe aquecer o coração, Coriolano pensava em suicídio. Aí entrou o processo de materialização e, sob ordem de meus comandantes, por determinação dos Orixás, entrei em ação. Não podíamos perder Coriolano. Por diversas razões. Muitas, aliás. Pessoais, de ordem espiritual, por planejamento que talvez até hoje vocês não tenham ainda compreendido. Frei Coriolano pensava no dominicano Frei Tito, que se suicidou na França, em 10 de agosto de 1974, dia da festa do Orixá Tempo, por sentir-se responsável pela morte de Carlos Marighella, em 1969. Após ser torturado, Frei Tito soltou informações que levaram ao assassinato de um dos líderes da resistência à Ditadura Militar Marighella. Nunca se recuperou. Coriolano, mais do que nunca, sentia dor semelhante.

Com a alma pesada, numa tarde nublada, foi passear pelo Cemitério da Consolação. Parou diante do túmulo de Monteiro Lobato. Admirava sua obra e estava curioso com os papeizinhos com intercessões para crianças. "Santo Lobato", conseguiu sorrir. "O povo é sábio e sabe fazer seus santos."

Tudo já estava acordado com o Povo da Calunga (Direita e Esquerda), ao qual, mais uma vez, pedi licença e agradeci. Aproximei-me, materializado de forma completa, inclusive podendo tocar e ser tocado, com peso, densidade etc. Com a roupagem fluídica de sacerdote católico diocesano, aproximei-me de frei Coriolano:

- Boa tarde, frei!

- Boa tarde, padre! Estou a passeio, mas o senhor parece que veio encomendar alguém. De túnica, estola roxa, livro de exéquias, hissope...

- Sim. O corpo foi à terra. O espírito, liberto, para novas caminhadas.

- Nunca é fácil. Sempre nos preparamos, mas essa viagem ainda nos assusta.

- Tem razão, tem razão. Não é fácil para nós, enquanto indivíduos, mas também como sacerdotes que velam e encaminham o espírito, as preces etc. diante das famílias enlutadas.

- Sou frei Tito. Qual seu nome, padre?

- Padre Trancoso. Eu o reconheci. Conheço seu trabalho pastoral, conheço seus livros e eles muito me influenciam. Sou duas décadas mais velho que o senhor e tanto eu quanto minha fé rejuvenescemos com seu trabalho. Uma alegria poder agradecer pessoalmente.

- Imagine, irmão. É uma pequena contribuição.

- Toda pequena contribuição faz diferença. Jesus não multiplicou pães e peixes a partir do pouco que lhe foi apresentado? Seja no nível simbólico, no nível do milagre "mágico" como alguns entendem, ou como fenômeno de materialização, a beleza do ensinamento permanece.

Frei Coriolano sorriu e acrescentou:

- Muito bom conversar com um padre que fala de Jesus e não de protocolos, carreira etc.

- Somos todos aprendizes, somos todos irmãos.

- Frei Coriolano, já que estamos no cemitério, posso lhe pedir um favor?

- Claro, padre Trancoso. Se eu puder ajudar...

Segurei firme em seus ombros, fixei meus olhos nos dele e pedi:

- Por favor, morra na hora certa.

Enquanto ele arregalava os olhos, sorri e me afastei. Ele piscou e não mais me viu.

Frei Coriolano ainda está encarnado. Quatro anos depois do episódio, pediu licença à Ordem Franciscana e à Igreja, casou-se, tem dois filhos, abriu uma capela na garagem da casa alugada, onde partilha o pão, celebra sacramentos e, com muito bom humor, diz que brinca de "seu mestre mandou". O Mestre da brincadeira, claro, é Jesus. Meu *cavalo* e Coriolano são amigos próximos.

Exu não para. Exu não descansa. Exu caminha. E por muitos caminhos. O tridente é minha bússola. E, para quem diz que este Exu é muito sério, eu deixo minha gargalhada. Ha! Ha! Ha!

Orfanato

Boa noite!

Em primeiro lugar, a mania de dizer que Exu Mirim foi moleque de rua é errado. É como dizer que toda Moça foi mulher de cabaré. E se tivesse sido? Faria diferença para vocês, que pedem e recebem ajuda? Vocês gostam é de julgar. Reclamam porque sou moleque, fumo e peço marafo.

Em segundo lugar, cresci num orfanato. Hoje falam "casa de acolhimento". O nome é mais bonito, mas algumas coisas continuam iguais. Vocês vão lá para saber? Eu vou e ajudo a livrar aquela garotada de muita coisa ruim. Não faço do jeito que eu quero. Faço do jeito que deixam e que pode ser feito para cada moleque, para cada menina. Não mando nem em mim, vou mandar nos encarnados? Digo "encarnados" porque "vivos" somos todos nós. E eu sou mais vivo que muitos de vocês, em todos os sentidos.

Como disse, cresci num orfanato, mas poderia ter sido na sua família. Não conheci meus pais. Depois do desencarne, soube que fui criado por um casal de tios bastante negligente. Simplesmente desistiram de mim e me entregaram ao orfanato no dia em que completei 04 anos. Apanhei muito até os 10. Os outros aprontavam e, como eu era tímido, levava a culpa, não incriminava ninguém. Tinha medo dos outros meninos, dos administradores, do Deus terrível que descreviam para nós nas aulas de catecismo, enfim, tinha medo de tudo, até de minha própria força.

Aos 12 anos, o cozinheiro do orfanato me chamou para a despensa. Pensei que teria de ajudar a carregar sacas de farinha. Ele queria me violentar. Contava com minha discrição, meu silêncio e, sobretudo, meu medo. Algo cresceu em mim, entre bom e violento, e fez minha defesa. Tomei coragem e peguei uma faca. O cozinheiro riu e disse:

- Vamos, facas não ficam bem nas mãos de mocinhas como você.

Eu o furei sete vezes e não estava pensando em Sete Linhas. Ha! Ha! Ha! Ele gemeu como um porco e houve investigação interna. Os meninos sabiam que havia sido eu. Ninguém abriu a boca. Os maiores me respeitavam e passaram a me dar presentes. Nenhum dos meninos bateu mais em mim. Não permiti que ninguém mais batesse.

Os administradores e a imprensa deram um jeito de espalhar que o cozinheiro havia sido morto por um ladrão. Assim, foram construídos muros mais altos e muito dinheiro foi destinado para o orfanato, tanto por doações do povo simples quanto pelo governo. Nada melhorava para nós, que continuávamos a tomar café ralo acompanhado por um pão mais preto que o próprio café e, duas vezes por dia, sopa rala.

Mentalmente eu assassinava todos os adultos para proteger a mim e aos outros moleques. Se havia matado o cozinheiro, podia muito bem matar os administradores e os outros funcionários. Devia existir um rei ou rainha que nos libertasse. Eu não sabia nada, só conhecia aqueles muros e algumas palavras. Eu era o rei dos meninos. E resolvi libertar a todos nós.

Durante dois meses preparamos a rebelião e fuga. Na noite combinada, sem fazer barulho, as palhas já estavam postas em pontos estratégicos. Tínhamos roubado pouco a pouco do estábulo.

Alguém pegou o candeeiro aceso e me entregou. Toquei fogo no orfanato. Surpresa: todas as portas e janelas estavam lacradas. Quarenta e cinco de nós morremos sufocados e queimados. Um saiu ileso: o delator.

Sempre conhecemos apenas uma parte da verdade. Ninguém sabia, mas um dos meninos violentados pelo cozinheiro, se apaixonara por ele. Tinha 14 anos e chorou escondido o assassinato daquele que enxergava como tábua de salvação naquele inferno. Nunca me perdoou e jurou se vingar. Quando começamos a nos organizar para o incêndio e a fuga, ele nos delatou. Foi recompensado com a vida e um trabalho na secretaria do novo orfanato que seria erguido. Novas doações para encher os bolsos de administradores, intermediários etc.

No plano astral, acordei com dores horríveis, queimado, desfigurado. Meus companheiros me cobravam diariamente e começaram a me agredir. Pedi perdão. Não sabia explicar o que havia acontecido, não sabia onde estávamos. Adultos tentavam se aproximar de nós e os enfrentávamos. Quando compreendi que havíamos sido traídos, encontrei o delator e coordenei meu grupo para obsedá-lo. Ele cometeu muitos disparates, inclusive matou um dos diretores do orfanato e depois se suicidou. No astral, serviu a nós todos como escravo.

Com o tempo, alguns moleques do grupo simplesmente desapareciam. Isso me importunava, mas se alguém desejava fugir, que tomasse seu rumo. Fiquei assustado o dia em que soube que nosso escravinho também havia desaparecido apesar de bem guardado pelos nossos. Não desconfiei de ninguém. Éramos unidos e todos tinham medo de mim.

Sentei-me sobre uma pedra e um senhor muito bem apessoado veio até mim. Disse que não poderia levar aquela vida para sempre e que estava dando oportunidade para mim e os meus companheiros. Prometeu que deixaríamos de ter dores e a aparência de queimados e reaprenderíamos a viver, num mundo que procurava se organizar com mais amor e compreensão apesar da violência e da maldade. Não sabia bem por que, mas confiava nele. Disse chamar-se Meia Noite e que trabalhava para um homem chamado Xangô, responsável pelo fogo. Foi o que entendi à época.

Recebi treinamento intenso e estudei muito. Reencontrei companheiros que haviam desaparecido. Todos os demais me haviam acompanhado. Cada um recebeu um nome de guerra, uma pessoa para ajudar (às vezes, falando e agindo acoplado ao corpo dela) e apoiar em lindas missões. O nome escolhido para mim foi Brasinha.

Nunca, durante a permanência no Umbral, tive notícias do cozinheiro. Perguntei ao Senhor Meia-Noite, na volta de uma reunião com o Senhor Xangô, onde estaria aquele espírito. Ele respondeu.

- Encarnado. Como médium umbandista. É Vicente, o médium com o qual você vai trabalhar.

Chorei emocionado. Ia reencontrar a pessoa que me desejou fazer mal e que matei. Trabalharíamos juntos por um bem maior e ambos quitaríamos débitos. Muito trabalho, não ia ser fácil, mas certamente seria divertido.

Quando vejo coisas erradas nos terreiros, eu abro o bico mesmo. claro, com autorização dos grandes, e Vicente, que se tornou dirigente espiritual, trabalha com um Treme-terra e uma Molambo. Outro dia visitamos um terreiro em que os Mirins pareciam que estavam sob efeito de forte medicação, simulavam jogar bolinhas em semáforo, usavam apetrechos absurdos, uma loucura. Pedi permissão para o Exu dono da casa e passei uma descompostura. Quem era Mirim sem doutrina subiu, quem era quiumba voltou para o lugar de onde veio. Por que o Exu dono da casa não resolvia isso tudo? Seu Treme-terra e Dona Maria Molambo explicaram:

- Brasinha, alguém de fora, como você, causou mais impacto nos médiuns e até na assistência. Além disso, o dirigente espiritual tem cometido um grande erro, o erro da omissão, de não assumir a própria autoridade por medo de deixar ser o paizão bacana, de ser autoritário. O Exu-chefe da casa, seu Guardião de há muito tempo, não está satisfeito e quis dar a ele uma lição definitiva.

- Fosse em outros tempos, eu teria tocado fogo no terreiro.

Sr. Treme-terra e Dona Molabo gargalharam.

A Virgem

Eu me chamava Mirela e vinha de uma família nobre e católica. Aliás, "nobre e católica" forma um pleonasmo. Ninguém poderia ser nobre se não fosse católico na Itália do meu tempo. Tinha dois irmãos, um padre e um militar. A única mulher da família era eu. Como não herdaria o sobrenome do pai, se me casasse, a solução mais adequada foi me enviar para um convento. A troco de uma herdade produtora de uvas e, portanto, de vinho, fui aceita com reverência. Tinha 18 anos.

Em virtude da influência de meu pai, deixavam-me à vontade na biblioteca. Contudo, sentia necessidade de me envolver na vida do convento e, assim, servia irmã Domícia, que atendia aos pobres que lhe acorriam numa portinha de madeira, em busca de unguentos, chás, remédios naturais diversos. Em virtude de seus conhecimentos, irmã Domícia chegou a ser acusada de bruxaria pela Inquisição, mas foi salva por um bispo que representou a seu favor. Não chegou a sofrer nas masmorras, mas, chamada pelo bispo que lhe servira de advogado, foi por ele violentada na sala do capítulo do convento. Vinte anos depois, vivia esquecida da Inquisição, do bispo e da própria madre superiora, como eu, aliás, por isso podia dedicar-se de coração a servir aos mais pobres.

- Noviça, noviça, sabia que as bruxas existem?, perguntava irmã Domícia. São as mulheres que conhecem os segredos da natureza, das plantas, da vida e da morte. Não fazem o mal. É verdade que uma ou outra faz, mas não são bruxas verdadeiras. Os padres têm medo das bruxas porque elas usam saia e eles, apenas batina.

Eu ria das pilhérias de irmã Domícia. Jamais comentei com ela sobre as acusações e a violência sofrida, de conhecimento de todas naquele convento.

Eu conhecia as palpitações do corpo, mas não as do amor. Sabia que no convento havia relacionamentos entre freiras e mesmo entre freiras e aldeões. Todos fechavam os olhos. Pelo que ouvia, algumas relações eram puramente carnais, outras emolduradas pelo amor. Para mim, toda relação era legítima desde que consentida e sem que se enganasse outro parceiro ou parceira. Não questionava minha situação. Estava no convento a mando de meu pai e simplesmente trocara nossa casa senhorial pelo convento também senhorial, imenso, frio e gelado, não fossem as velas e irmã Domícia.

Um dia recebemos a visita de um meu tio, bispo e membro do Santo Ofício, segundo se dizia, com um filho em cada diocese da Itália, menos um, protegido do papa e, portanto, residente no Vaticano. Na ocasião, foi oferecido um lauto almoço aos moradores do entorno do convento. Alguns aldeões nunca haviam visto tanta fartura. Dentre eles vi o jovem Matteo, de 25 anos. Meu coração bateu pela primeira vez naquele dia. Eu contava 22 anos e ainda não sabia o que era a vida. Percebi que Matteo também de mim se enamorara.

Começou, a pretexto de buscar remédios, a vir a ter com irmã Domícia e, portanto, comigo, sua auxiliar, ao menos três vezes por semana. Ela tudo compreendia, mas nada comentava. Somente um coração amoroso compreenderia o que se passava entre mim e Matteo.

Também as invejosas de meu sobrenome perceberam o sentimento mútuo e denunciaram à Madre Superiora. Se eu deixasse o convento, a congregação poderia perder a herdade doada por meu pai. Então, num domingo, antes da missa, bem à porta do convento, aberto às 06h pela irmã encarregada, estava o corpo de Matteo, enforcado, como um suicida. Certamente ninguém no convento acreditou, mas todas fingiram bem, assim como também fingi apenas espanto, mas nada pessoal. Como suicida, Matteo não teve enterro com ritual católico. Seu corpo foi jogado numa encosta íngreme, inacessível, onde começaria a apodrecer e seria comido pelas aves, o que deixaria apenas seus ossos à mostra.

Jamais perdoei a madre superiora, pois sabia que a ordem havia partido dela. Apeguei-me ainda mais ao trabalho com irmã Domícia, cada vez mais afável comigo e doentinha. O trabalho, porém, me lembrava Matteo a cada dia. Irmã Domícia desencarnou dois meses depois, no quarto, segurando minha mão e sem que outra freira a visitasse. Após seu enterro, continuei meu trabalho junto aos aldeões.

No inverno seguinte, a madre superiora adoeceu e mandou me chamar. Com ressentimento, eu a atendi. Com ódio crescente, em vez de remédio, preparei-lhe veneno mortal, de difícil identificação. Ela desencarnou, consciente, imóvel, me ouvindo dizer baixinho, em seu ouvido, sobre como e por que eu a havia matado.

Não tardou para eu me tornar a mais jovem superiora da Itália. Meses depois de assumir o cargo, mandei para a Inquisição as invejosas que eu sabia manterem relações homossexuais. Meu tio membro do Santo Ofício adorava fogueiras e se congratulava pela administração conventual promovida pela sobrinha.

Meio ano depois, sabendo quem eram os amantes de outras freiras, contratei um matador que exterminou um a um e, sadicamente, cortou-lhes os órgãos sexuais e os envolveu em bolsas de couro, endereçadas a cada uma das ex-amantes, que receberam a encomenda antes do ofício de Laudes (manhã) e, durante o mesmo, se esforçavam para conter ou esconder as lágrimas. Com promessas sexuais, no início da noite, fui-me encontrar com o matador, atrás do estábulo e o matei com uma cutilada na nuca. Eu mesmo o enterrei de modo a nunca ser encontrado.

O convento se tornou cada vez mais sombrio. Consegui mais algumas condenações por bruxaria. Não aceitei novas candidatas. As freiras envelheciam silenciosas, tristes, frustradas. Eu não confiava em ninguém, preparava minha própria comida. Nunca mais abri meu coração a outro homem, como Matteo, nem a outra irmã, como Domícia.

Com o tempo, passei a descuidar do mínimo de atenção e higiene exigidos de uma freira da época, que dirá de uma superiora. Não trocava o hábito, que ficou roto e sujo. Ninguém ousava comentar nada, mas suspeitava que riam de mim.

Desencarnei numa noite de verão, quente, muito quente. Deitei-me e acordei num lamaçal mais quente que a cela que ocupava. Quando finalmente entendi que havia desencarnado, chorei e pensei estar no inferno. Quantos anos haviam se passado? Muitos. Reencontrei pessoas que matei ou mandei matar, outras que esperavam de mim a compaixão que deixei de oferecer em forma de remédios e mesmo com meu coração amargurado.

Após penar, sofrer e chorar por séculos, finalmente estava pronta para deixar de andar com o hábito roto pelo Umbral. Um senhor de aspecto literalmente esquelético me levou à presença do Rei da Calunga, o Senhor Omolu. Eu mudara bastante, esgotara muitos sentimentos ruins e orara pedindo perdão e caminho. Nenhuma prece fica sem resposta.

Sou muito grata ao Senhor Tata Caveira, que me apadrinhou e me levou ao Senhor Omolu. Em virtude da minha história, de meu trabalho com os aldeões e de minha aparência, fui incorporada à Linha das Molambos. Seria mais uma Maria Molambo a trabalhar anonimamente em terreiros, hospitais, com pessoas próximas do desencarne, mulheres desencantadas com o amor, homens sem esperança de viver um relacionamento saudável etc.

Sou Pombogira, sim. Sou Maria Molambo. Em minha última encarnação, não fui prostituta, amante de reis e senhores, como algumas de minhas comadres. Fui virgem e amarga, como outras, inclusive as que regeram orfanatos, espancando crianças. Não esgotei o amor nem no corpo e nem no coração. Vivi a maior parte do tempo em desamor, mas a lembrança do sentimento por Matteo e a compaixão pelos assistidos do convento me fizeram lembrar que eu sou forte, capaz de perdoar e pedir perdão e trabalhar para compensar os graves erros cometidos.

Gargalho porque estou feliz pela oportunidade, mas também para quebrar energias ruins e rir da suposta esperteza humana. Não uso mais um hábito roto e sim um formoso vestido vermelho e negro, tenho os cabelos soltos, seios fartos, sou uma linda e plena mulher plasmada. Adoro dançar porque é bom e porque, assim, reverto energia deletéria, miasmas, amarrações, maldições e tantas outras nódoas. Sou Maria Molambo e cada gesto de amor, cada oportunidade de trabalhar é uma noite de núpcias que não tive com Matteo, quando encarnado. Se o reencontrei? Quem é o Tata Caveira que me levou ao Senhor Omolu senão ele?

Exu Gargalha, Mas Não Brinca

Há quem pense que Exu é bobo porque ri. Seu Sete Encruzilhadas deixava bem claro:

- No ponto vocês cantam "Dizem que Exu só bebe e dá risada/ Mas ele é Exu/é o Rei das Sete Encruzilhadas." É assim mesmo: sou rei das encruzas, rei dos caminhos. Além disso, não apenas bebo e gargalho, mas falo, aconselho e queimo com minha fundanga o que tem de ser queimado. Ha! Ha! Ha!

Numa gira, um desavisado cismou com o ponto riscado do Sr. Sete Encruzilhadas, que chamou o cambone e disse:

- Moço, se meu *cavalo* que dirige esta casa, permitir esse tipo de atitude, eu não venho mais. Não tolero indisciplina. Se esse médium é torto, meu cavalo que seja direito.

O médium, indisciplinado, derrubava atabaque, não aceitava que as Entidades fossem doutrinadas e, claro, não ficou muito tempo na casa e saiu falando mal de tudo e de todos, inclusive do Sr. Sete Encruzilhadas.

Noutra ocasião, dois outros desavisados visitaram a casa e incorporaram supostos Exus. Não iam embora de jeito nenhum, comportavam-se com sarcasmo diante do Sr. Sete, que pediu uma espada de Ogum. Rapidinho os dois "Exus" subiram. Os médiuns ouviram um carinhoso e firme sermão diante do próprio dirigente espiritual, também em visita à casa. Sr. Sete eximiu o dirigente da responsabilidade, pois, segundo ele, um pai ensina, mas não é responsável pelos atos de filhos malcriados. Até hoje os médiuns da casa (e certamente os visitantes que quase apanharam do Sr. Sete) perguntam se a espada de Ogum solicitada era a planta ou a ferramenta do Sr. Ogum que estava no altar.

Sempre pronto a atender a todos, Sr. Sete um dia chamou um moço na assistência e disse baixinho:

- Moço, não adianta falar com a Molambo, com a Padilha, com outros Exus. Eu já disse para o moço ir ao homem de branco e fazer o ritual de energização que eu lhe passei.

- O senhor não me passou nada...

- Moço, se meu *cavalo* tem problema de memória, eu não tenho. Eu lhe passei, mas o moço não deve ter feito por achar que o ritual é simples demais, não é verdade? Se o moço desleixa da própria ereção, que parece o preocupa tanto enquanto macho, que dirá de outras áreas da vida. Este Exu está aqui para ajudar. A escolha de fazer é sua. Também é sua a escolha de quem levar para a cama, mas o moço se perde com a ansiedade de levar todo mundo que pode. Ha! Ha! Ha!

O moço agradeceu a sinceridade do Sr. Sete, cumpriu à risca as recomendações e passou a vivenciar de modo mais equilibrado e pleno o corpo, a mente e o espírito.

Na festa em sua homenagem e a todos os Exus e Pombogiras, Sr. Sete Encruzilhadas, diante de muitos dirigentes espirituais presentes, ponderou:

- Tenho dois recados e sei que servem ao menos para duas visitas e talvez para a mesma. Primeiro: nesta religião não se faz amarração porque fere o livre-arbítrio. Uma religião não pode fazer o mal senão não é religião. Segundo: sejam sempre bem-vindos aqui e visitem todas as casas com o coração, mas parem de visitar apenas para ver qual Caboclo brada mais alto ou qual Exu dá risada mais alto. Vocês me entenderam? Ha! Ha! Ha!

Ao final da festa, agradeceu a todos e declarou:

- Os que não entendem a dança das Moças, os que não entendem o trabalho da Sete Saias que trabalha com a esposa do *cavalo*, pensem um pouco: a Sete Saias vai seduzir médium? E que médium? Com todo o respeito (até porque isso não é problema meu), fora meu cavalo e quatro médiuns desta casa, os outros homens são todos adés, gostam do mesmo que as moças. Então, se não entendem a beleza da dança da Sete Saias, ao menos respeitem a Moça e o chão desta casa onde comeram e beberam. Outra questão: sei que a Mestra Juremeira de um dos senhores tentou fazer um ponto de demanda contra esta casa. Tentou e não conseguiu. Tentou e eu quebrei. Mas a questão não acabou. O Pelintra que trabalha comigo e vem no meu *cavalo* vai ter uma conversinha com ela no Astral. O médium que se prepare porque vai ser em sonho, então o sono pode ficar pesado, dar caganeira, vontade de mijar toda hora. Uma verdadeira surra! Ha! Ha! Ha! Eu não queria estar na pele de quem fez isso. Cada qual arque com as consequências dos seus atos. O Pelintra, que vem da Jurema, do Catimbó, faz questão dessa conversa. Eu tenho mais o que fazer na encruza. Boa noite!

O dirigente espiritual que trabalha com a Mestra Juremeira simplesmente empalideceu e não quis ficar para a confraternização pós-homenagem ao Sr. Sete Encruzilhadas. Foi para a casa, mas certamente não para a cama.

Quem ri sempre, e não apenas por último, certamente se diverte mais e leva a melhor.

“Dizem que Exu só bebe e dá risada/Mas ele é Exu/é o Rei das Sete Encruzilhadas.”

Laroiê!

Fundo Do Poço

Milena, 19 anos, não colocava anúncio no jornal e atendia no fundo do restaurante Cometa, na BR 470, ao lado de um galpão que servia de borracharia. O quartinho de alvenaria cheirava a umidade, tinha uma cama de madeira baixa, uma cadeira e uma bacia com água, uma esponja e uma toalhinha que um dia fora branca. Milena aguardava os clientes deitada, de bruços. Era chegar, colocar a camisinha, penetrar e ejacular. Geralmente não demoravam mais do que seis ou sete minutos. Milena nem se mexia, os clientes não viam seu rosto. Era o que dava para fazer por R$ 25,00, entre 15h e 0h, único horário que Milena atendia, segundo Kleber, dono do restaurante e seu cafetão. Os clientes, geralmente caminhoneiros, não reclamavam: com o preço dos pedágios e o tempo escasso para entrega de encomendas, Milena era a melhor opção e estava de bom tamanho.

Filha única, Milena trabalhava desde os 15, no comércio. Aos 18 conseguiu o emprego no restaurante. Era longe de casa, mas compensava, pois trabalharia à tarde e à noite e Kleber a levaria embora, teria carona. Sonhava em fazer faculdade pela manhã. Morava com a mãe e o padrasto.

Uma noite em que a mãe estava na igreja, o padrasto entrou em seu quarto, tapou sua boca e a violentou. Milena reagiu, sem sucesso. Saiu de casa e pagou um pernoite num hotel barato. Ligou para a mãe e lhe contou tudo.

- Sua ordinária, gritou a mãe. Seduziu meu homem e agora se faz de vítima. Nem virgem você era, que eu sei... Aquele seu ex-namoradinho da papelaria... Não pode ver um homem... Nem volte para a casa! Não pense que vai arruinar meu casamento.

Desesperada, Milena pensou em suicídio, mas se lembrou de Kleber, um bom patrão. Não era propriamente um amigo, mas era gentil com os funcionários. Telefonou para ele e perguntou se podia morar no serviço, que estava com dificuldades em casa. Kleber falou-lhe do quartinho. Milena, em meio à dor, sentiu calor humano, alívio. Poderia recomeçar.

Durante três semanas, Milena se concentrou no trabalho. Sabia que nem a mãe nem o padrasto a procurariam. Kleber nunca lhe perguntou o que havia acontecido. Um dia, antes de fecharem o restaurante, Milena pediu para falar com ele. Tomaram um café e Kleber ouviu impassível. Milena foi para seu quartinho. Kleber ainda ficou no restaurante (morava na sobreloja, sozinho).

Por volta das 05h, Milena foi acordada com uma batidinha na porta. Acordava cedo, cuidava de sua roupa e limpava a casa de Kleber, como gesto de gratidão. Mas nunca havia sido acordava, punha seu relógio para as 07h.

- Milena, preciso que mude seu horário, que trabalhe das 06h às 12h. O Tonico não virá mais e estou descoberto pela manhã.

- Ficaremos os dois até o fechamento? Não me importo, mas não sei se darei conta. E também tem a sua casa, gosto de cuidar dela...

- Não se preocupe com isso. Ficarei sozinho à tarde e à noite.

- Mas eu posso ajudar... Não foi o que eu quis dizer...

- Milena, meio-dia converso com você. Preciso que se apresse. Vamos...

Milena estranhou. O tom de voz de Kleber ficava entre o amistoso e o imperativo. Talvez as coisas não andassem bem. Muitos clientes falavam em crise.

A manhã foi trabalhosa, cansativa. Ao meio-dia Kleber chamou Milena à cozinha:

- Milena, vá descansar. Às 15h você terá um compromisso. Tenho clientes para você.

- Clientes para mim? Mas se não é para eu voltar para o restaurante...

- Esses clientes você vai atender no seu quarto.

Milena não conseguia compreender, não atinava com as palavras de Kleber.

- Olhe aqui, Milena. Todo mundo tem de viver, eu lhe estendi a mão, você me deve, a vida é assim. Nem pense em ir embora. Com seu salário você não paga nem uma semana de pernoite num hotel meia estrela. Não se faça de santa, você já foi descabaçada e entende do riscado. É algo simples, meu amor. Não precisa nem fazer teatrinho. Basta ficar deitada, de bruços. Caminhoneiros têm pressa, eles vão fazem o serviço, trocam o óleo e vão embora. Nós ganhamos um trocado, eu lhe compro umas coisinhas e amplio o restaurante. É uma parceria. Seremos sócios.

- Você perdeu o juízo! Só pode. Vou desculpar porque deve estar bêbado...

- Milena, respondeu Kleber mordendo os lábios e apertando os braços da funcionária, eu tenho o endereço de sua mãe, lembra? Se você não fizer, eu apago a velha. Não, nem pense em ir à polícia... Se me denunciar, a própria velha vai depor contra você e dizer que não presta, que seduziu o padrasto etc. Além disso, você tem mais de 18. Então, fique caladinha, pode ser mesmo de bunda pra cima, agrade aos clientes, que a velha vive, você vive, todo mundo sai ganhando. Não seja moralista. Quando você lava louça, não usa o corpo? E, quando atende algum cliente, ele pede café só porque está com fome ou para ver mais um pouquinho a garçonete? Milena, esteja pronta às 15h.

Milena jamais odiara a mãe. Não conhecia esse lado de Kleber, mas ele blefaria ou estaria disposto a matar a mãe? Além disso, já havia sido violentada mesmo, sabia que o corpo podia aguentar, não tinha nada a perder. Tudo era tão doloroso, bem diferente do relacionamento com o primeiro namorado, Dario. Ficaram alguns meses juntos e foram felizes. Ambos aprenderam e terminaram quando acharam que era hora, prontos para outros relacionamentos, com mais profundidade e comprometimento, não que isso houvesse faltado aos dois. Continuaram amigos e se falavam às vezes.

No quarto, Milena não encontrou o celular e os documentos pessoais. Certamente estavam com Kleber. Às 15h, nua, de bruços e sem nenhum pio, recebeu o primeiro cliente. O ritual se repetiria de dez a doze vezes por dia, durante um ano. Kleber jamais lhe encostou a mão. “Onde se ganha o pão, não se come a carne”, pensava o rapaz, acrescentando para si mesmo, orgulhoso, “Nunca precisei comer puta de estrada.”

*

Brasil. Século XIX. Fazenda paulista de café.

Amanda é a jovem esposa do Coronel Belisário, que a cobre a de joias. Mimada, casou-se mais por interesse do que por imposição da família. Não sentia atração pelo marido, nem o mínimo de carinho. Considerava-o um trouxa, que, quando muito, entendia de café. Amanda se deliciava na rede, à tarde, pensando quantas sacas de café valia cada joia. Fazia-se servir por mucamas, uma delas, a menina Jovita, de 22 anos.

Um dia, Amanda viu Jovita receber abóboras e verduras das mãos de Tião, jovem escravo. Percebeu a troca de olhares e ficou curiosa. Será que aqueles demônios seriam capazes de amar? Simulando passeios ao final da tarde, uma ou outra vez, flagrou Jovita e Tião, por entre árvores e regatos, juntos. Toques e gestos sempre carregados de ternura e desejo. Então, Amanda conjecturou que, se Tião era sua propriedade, poderia tê-lo na cama sem trair o marido. Seria como ter nos braços um bichinho de estimação, mas um bichinho que fala e copula.

Numa tarde em que o marido estava na cidade, Amanda deu ordens para Tião preparar a charrete pequena, pois desejava ir ao sítio das irmãs Concepcionistas, ver as obras da nova capela. Como a distância não era tão grande, a charrete pequena era segura e Amanda voltaria antes do pôr do sol. Meia hora de estrada e Amanda ordenou que Tião levasse a charrete para uma espécie de clareira, atrás de um mato alto. Sem questionar, o escravo assim o fez.

- Tião, eu quero que você me sirva e guarde silêncio.

- Mas, sinhá, isso não pode ser...

- É medo do senhor, é?

- Com todo respeito, sinhá, não é só isso.

- Você ama aquela negra, não é, seu capado? Ela deve ter feito feitiço para você não querer uma fêmea branca e limpa como eu. Nenhum homem resistiria. Sabia que, antes de me casar, eu me deitei com vários, até com o falecido Padre Antenor? Sim, quem pensa que homem velho não funciona está muito enganado. Agora, trate de fazer o que desejo e pare antes de terminar porque eu não posso engravidar de um negro e não vou tomar chazinhos para despertar suspeitas. Senão, meu escravinho, eu simplesmente dou um sumiço na sua amada. Você entendeu? Faça comigo o que faz com ela ou simplesmente eu a mato.

Tião obedeceu. Não apenas na clareira, mas também, quando o coronel viajava, na cama da sinhá. Faziam tudo com discrição e o moço se sentia culpado porque o corpo respondia ao desejo. Andava cabisbaixo e desconversava quando Jovita lhe perguntava o que acontecia.

- Sodade da mãe, que foi encontrar Oxum, no Orum...

Pressionado, não resistindo aos carinhos de Jovita, Tião chorou e lhe contou tudo, pedindo perdão. Não havia o que perdoar. Jovita o amava e compreendia a condição dos escravos. Sua mãe não havia sido amante do pai do coronel Belisário? Nas noites em que era obrigada a dormir na casa grande, quanto não havia chorado o pai, na senzala... Jovita abraçou Tião como se fosse um bebê, um filho, e decidiu procurar a sinhá.

No dia seguinte, quando sinhá foi à cozinha para vistoriar algo e dar ordens, Jovita, com os olhos baixos, pediu a palavra e balbuciou, longe das outras escravas de dentro:

- A sinhá tá matando meu nego de tristeza. Tem outros que dariam tudo pra dormir com a sinhá, na senzala mesmo, negos que querem uma branca fremosa. Libera meu nego, sinhá, por favor.

- Tião morrendo? Pois para mim ele está é muito vivo, riu entre dentes, Amanda. Contudo, seu segredo estava descoberto e, em pouco tempo, chegaria ao marido. Problema nenhum, Jovita, problema nenhum. Fique de bico calado e deixo vocês viverem sua vidinha. Não sou apegado a escravo. Peça para Tião vir aqui e converso com ele.

Jovita fez uma vênia, muito ressabiada, e deu o recado a Tião, que veio ver a senhora.

- Negro burro! Tinha de abrir o bico? Preste atenção, pois sou sua dona. Esta noite o senhor estará em casa, mas eu vou lhe dar um chá calmante e ele vai dormir. Quero uma última noite com você, negro. À meia-noite empurre levemente a janela, que estará aberta.

À hora do licor, após o almoço, Amanda mostrou-se toda dengosa para o marido.

- Sei que meu marido campeou muito pela fazenda hoje de manhã, recebeu um comprador da capital e merece tomar seu licor em paz, mas eu queria lhe falar algo que tem me incomodado.

- Fale, mulher. É alguma joia, algum vestido ou romance francês? Algo lhe falta?

- Não, não, meu marido é sempre gentil e prestativo... É outra coisa, tenho até vergonha que ache superstição...

- Não entendo dessas coisas, mas fale, mulher...

- Bem, esta noite tive um sonho assustador. Pela manhã acendi muitas velas para Nossa Senhora, pedindo socorro e proteção. Mas achei importante contar para meu marido. Sonhei que por volta da meia-noite o negro Tião, o que conduz a charrete e é quase um escravo de dentro, forçava a janela do nosso quarto e entrava para matar meu marido e me violentar. Não sei como, a janela estava aberta, não tínhamos fechado. Sei – e nos sonhos é possível ter essas sensações – que Tião agia movido por feitiçaria da Jovita. Achei tudo estranho e acordei assustada, completou Amanda, com os olhos úmidos.

- Acho tudo isso impossível de acontecer, mas não quero ver minha esposa aos prantos. O que posso fazer para acalmá-la?

- Não sei. Que tal estarmos no quarto, acordados, à meia-noite, você com a arma carregada? Deixo uma vela acesa, vou rezando o terço. Por precaução, meu marido, por precaução. Se nada acontecer até meia-noite e meia, como esperamos, cumpro meus deveres de esposa e dormimos. Preciso mandar celebrar algumas missas e batizar os escravinhos, não podemos adiar mais.

- Está certo, minha esposa. Nunca me pediu nada. Não acredito em sonhos, mas não desejo descuidar de nossa segurança.

À meia-noite, no quarto, Amanda simulava rezar o terço, na cama. O coronel, sonolento, estava postado numa poltrona, perto da cama, com a garrucha carregada descansando no colo. De repente, ouviu forçarem a janela do quarto. Tião empurrava a janela, que esperava encontrar aberta. Talvez a sinhá tivesse esquecido. Com medo de ser punido, ou pior, de Jovita ser castigada, e achando que o coronel dormia a sono solto, embalado pelo chá calmante, empurrava a janela com mais força. Pensou em chamar a sinhá, mas teve vergonha. Por sua vez, Belisário destravou a janela e, quando deu com o rosto assustado de Tião, meteu-lhe uma bala entre os olhos. Amanda gritou, supostamente assustada, com o terço na mão, e abraçou o marido. O tiro acordou os feitores e os escravos. Belisário mandou trazerem Jovita para o tronco e a surrarem até a morte.

Amanda mostrou-se a mulher mais devotada ao marido. Ao longo dos anos, manteve discretos amantes, nenhum deles escravo. Com o tempo, não suportava mais olhar para o coronel e, com a ajuda de um jovem médico, passou a envenená-lo, em pequenas doses. Ninguém desconfiou e o atestado de óbito foi assinado pelo próprio médico, que, dois anos depois, desposou Amanda. O desencarne também chegou para Amanda e o médico. Todos se encontraram no plano espiritual, passaram por dores intensas e resgates e tiveram a oportunidade reencarnatória. Caberia a cada qual, conforme o livre-arbítrio, aproveitar, quitar débitos e curar feridas, ou se endividar ainda mais no desamor, na vingança, na arrogância.

Amanda renascera como Milena. Jovita, como sua mãe. Tião, como seu padrasto. O coronel Belisário, como Kleber. O jovem médico, como Dario.

*

- Compadre Veludo, nossa menina chegou ao fundo do poço.

- Um ano nessa vida, depois da violência, Padilha. Por mais doloroso que fosse, não podíamos fazer nada. O safado deixou acender o desejo de vingança, inflado pelos espíritos de ex-escravos daquela fazenda, misturou o com o desejo sexual e fez o estrago. E ela veio pedir abrigo na casa de quem? Outro que poderia ter evitado isso, mas a vingança... Ah, a vingança é um prato que se come frio e as pessoas comem, comem, comem, até morrerem de indigestão... Ha ha ha!

- Agora podemos agir, compadre, a Lei nos ampara. E a menina tem aberto brechas no coraçãozinho dela, tem até nos ouvido, o que não acontecia nesse ano, tamanha a dor e a revolta. Para os encarnados, um ano terreno é muito, mas foi até rápida essa abertura no coração, essa fenda para entrar a luz...

- A luz, a fumaça do meu charuto e de sua cigarrilha e um pouco de álcool, que queima mais purifica. É mais fácil limpar um ambiente, uma casa, um terreiro, que um coração... Ha ha ha! Mas não importa a missão. Para isso estamos aqui e a menina merece nosso apoio.

- Compadre, esta noite vamos aparecer em sonho. Será o primeiro passo, concorda?

- Aonde a dama vai, eu vou atrás. Ha ha ha!

Maria Padilha e Exu Veludo formam um lindo casal. Não um casal no sentido terreno, mas uma parceria que já ajudou muitos encarnados e desencarnados. Também estão prontos para atuar mais diretamente como guardiões de Milena quando chegar o momento mais adequado para o desenvolvimento da mediunidade que ela tanto nega ter. Padilha e Veludo nunca se afastaram dela, agindo como verdadeiros pais, sob ordenança dos Orixás. Lindo casal. Não que falte desejo aos Exus, pelo contrário. Mesmo em espírito, como plasmas, o desejo aflora e pode ser transmutado. Não seria errado vivenciar o desejo, a conjunção (naturalmente, não carnal), mas para a ascensão de cada um é preciso adequar-se a cada situação **(1)**. Como sempre afirma aos dois o Zé Pelintra que trabalha na cabala espiritual de Dario, o maior desafio para a evolução do espírito é abandonar a carne e seus desejos. Claro, os três sempre gargalham juntos.

Maria Padilha é uma linda morena com os cabelos encaracolados, com um longo vestido preto e os lábios marcados de batom vermelho. Exu Veludo é alto, garboso, tem a pele morena mais clara que a de Dona Padilha, apresenta-se com uma calça preta, camisa branca, colete também preto e uma capa, preta por fora e vermelho por dentro. Médiuns (pois todos o são, mesmo que não o desejem) com vidência que temem desenvolver-se ou acreditam que mediunidade seja "obra do mal", ao ver os dois, pensam, num primeiro momento, tratar-se de um casal de vampiros.

Exausta, Milena foi dormir por volta da 01h da manhã. Logo começou a sonhar. Avistou Maria Padilha e Exu Veludo e levou um susto.

- Quem são vocês?

- Boa noite, moça! Somos amigos e estamos aqui para ajudá-la, minha comadre e eu.

- Ajudar? Vocês são anjos? Mas de preto?

- Ha ha ha! Nem anjos nem demônios, moça! Meu nome é Veludo, minha linda comadre é Maria Padilha e ela lhe explica melhor nossa missão.

- Moça, estamos aqui para ajudá-la. Você pediu e está pronta. Seu histórico nos autoriza a essa ajuda.

- Histórico? Do que estão falando?

- Moça, todas as violências que você vêm sofrendo têm raízes numa vida anterior. Na verdade, em vidas anteriores. Não, por favor, me deixe terminar, ninguém a está culpando. Por razões que não preciso explicar agora, seu padrasto e o dono do restaurante se viram no direito de fazer tudo o que tem machucado a moça. Tinham esse direito? Não. Tinham direito de escolha e poderiam ter renunciado ao desejo de vingança por atos passados dos quais, na carne, nem se lembram mais, e foram instruídos, educados a perdoar antes de encarnarem. Sei que estou sendo muito direta e ao mesmo tempo não tão explicativa, mas, enfim, estamos aqui para ajudar a moça.

- Então este inferno vai ter fim?

Maria Padilha segurou nos ombros de Milena e respondeu:

- Todo inferno tem fim. Este já começou a desabar.

Milena a abraçou como se abraça a uma mãe. Padilha acariciou seus cabelos e emendou:

- Ouça, menina. Você não vai se lembrar deste encontro, mas vai ouvir sua intuição e encontrar uma saída. Vai se levantar e fugir pela mata. Fique atenta aos sinais. O Povo da Mata a guiará, sairá arranhada, cansada, mas viva. Quando sair da mata, encontrará um sítio. Peça um copo d´água. O casal lhe dará o que comer. Comente o nome da cidade para onde vai. Eles vão oferecer para levá-la, pois a filha mora lá. Chegando, procure por Iolanda, Mãe Iolanda, você já ouviu falar dela, lembra? É tia do Dario e dirige um terreiro de Umbanda. Ela vai acolher a moça sem mais perguntas, será avisada por nós. Você entendeu?

- Sim, respondeu Milena.

- Muito bem, moça, continuou Exu Veludo. Sabemos que não dá para denunciar o sacripanta do restaurante, pois muitos clientes são policiais e você correria mais riscos. Também não é possível provar o que fez seu padrasto, mas o esposo de Iolanda é da Corregedoria e saberá encaminhar para que a Justiça da terra também seja feita. Além do mais, ele é filho de Xangô. Ha ha ha! Estaremos com a moça o tempo todo.

- Agora acorde, querida. E confie, confie, pediu Padilha entre afagos.

Milena acordou de um salto e espantou-se com a ideia que teve. "Por que não pensei nisso antes? Coragem não me falta...". Levantou-se silenciosamente e partiu. Tudo aconteceu conforme Maria Padilha e Exu Veludo lhe disseram, embora não se lembrasse da conversa.

Kleber foi preso, o padrasto de Milena, indiciado. A mãe talvez um dia voltasse a falar com Milena. Dario, avisado pela tia, a visitaria em breve. Na casa de Mãe Iolanda, Milena começou a participar das giras e se envolveu cada vez mais com a Umbanda. Trabalhava durante o dia numa relojoaria, estudava Psicologia à noite e participava das giras aos sábados. Começou o desenvolvimento mediúnico sem saber que, aos 26, se tornaria Mãe Pequena e, aos 28, abriria a própria tenda de Umbanda, embora desejasse ficar na casa dirigida por Mãe Iolanda, a quem visitava sempre que podia e para dar suas obrigações.

As dores cicatrizaram, não foram esquecidas. Cada cicatriz, a certeza da força de Milena e da Espiritualidade. Embora seus algozes ainda levassem tempo para perdoá-la, ninguém resiste eternamente à Lei do Amor. Um dia o reencontro seria fraterno, neste plano ou em outro.

NOTA

(1) Conceito abordado pelo Sr. Tranca-ruas do Embaré que trabalha com Mãe Karol de Iansã. Conforme me foi solicitado e explicado na introdução deste livro, ele me pediu que, num de meus escritos, repassasse conceito e informação, o que fiz da melhor forma possível nesta narrativa.

Glossário

Adefantó

Forma comum (algumas vezes pejorativa) como são conhecidos os homossexuais masculinos nos terreiros. Forma reduzida: adé.

Calunga grande

Mar.

Calunga pequena

Cemitério.

Cambone

Cambone é o médium de firmeza encarregado de, dentre várias funções, auxiliar os médiuns e a Espiritualidade incorporada, bem como fazer anotações, cuidar de detalhes da organização do terreiro, dar explicações e assistência aos consulentes. Pode ou não incorporar. Alguns cambones são médiuns de desenvolvimento que auxiliam nos cuidados da gira.

Geralmente há um cambone-chefe em cada terreiro.

O vocábulo vem de Tata Cambono, o Ogã responsável, em terreiros bantos/Nação Angola, por dirigir a orquestra e puxar os cânticos.

Cavalo

Médium, aparelho. Além do paralelismo com o vocábulo "burro", ainda empregado em algumas regiões, encontra-se em quimbundo o termo "kavalu", com o significado de "amigo".

Ciganos

Os ciganos formam Linha bastante antiga de trabalhos na Umbanda, por vezes apresenta-se na Linha do Oriente e com ela se confunde. Atuam em diversas áreas, em especial no tocante à saúde, ao amor e ao conhecimento, com tratamento e características diferentes das de outras correntes, falanges e linhas. Assim como Povo Cigano, quando encarnado, possui origem antiga e pulverizada em diásporas e pelo nomadismo, o Povo Cigano do Astral assenta-se nos mais diversos terreiros de Umbanda com cada qual poderá trabalhar e evoluir.

Na Espiritualidade os ciganos não estão mais afeitos a tradições fechadas (ciganos apenas casando-se entre eles) e patriarcais terrenas (a mulher sem filhos biológicos praticamente perdendo seu valor perante o marido, a família e a comunidade), podendo atuar com mais liberdade, daí afinarem-se com a Umbanda, conhecida pelo sincretismo e por abrir as portas para diversas linhas espirituais.

Alegres e experientes, trabalham utilizando-se de seus conhecimentos magísticos, tanto na Direita quanto na Esquerda. Se existem Exus e Pombas-Giras ciganos, há também ciganos que, por afinidade e/ou por não encontrar outros caminhos numa casa, trabalham na Linha da Esquerda.

Amparados pela vibração oriental, trajam vestes e adereços característicos, valendo-se de cartas, runas, bolas de cristal, Numerologia e outros expedientes que lhes são familiares. Apreciam também trabalhar com cores (cada cigano tem sua cor de vibração e de velas, embora possa se valer de diversas cores, em virtude dos vastos conhecimentos que possuem) e com incensos. Utilizam-se, ainda, de pedras, bebidas, punhais, lenços e outros elementos para Magia Branca.

Embora haja orações, simpatias e feitiços ciganos espalhados em profusão em livros, revistas, sítios na internet e outros, vale lembrar que a Umbanda, seja na Direita ou na Esquerda, jamais trabalha com qualquer elemento que venha a ferir o livre-arbítrio de alguém.

Em muitas casas, Linha do Oriente e Linha Cigana se confundem; em outras, trabalham separadamente (há casas em que aparece apenas a Linha Cigana); existe, ainda, a leitura de que a Linha Cigana seria uma espécie de divisão/falange da Linha do Oriente.

Demanda

Confusões, desentendimentos, dificuldades, mal estar etc. provocados pela ação de outrem. A demanda pode ocorrer contra alguém, uma instituição, uma casa religiosa. O equilíbrio energético (pensamento, palavras, atos) e trabalhos específicos de defesa e proteção auxiliam a evitar os efeitos indesejáveis de demandas.

Desobsessão

Processo no qual a Espiritualidade e os médiuns buscam desalojar entidades espirituais que vibram em enegia deletéria que ajam sobre pessoas, animais, ambientes etc. Além de ajudar os obsedados, a desobsessão busca também auxiliar os obsessores, doutrinando-os e encaminhando-os para tratamento espiritual ou, quando renitentes, para locais específicos no plano espiritual onde possam meditar sobre seus atos a fim de, quando estiverem prontos, receberem o devido auxílio.

Diabo

Por influência do Catolicismo, muitas vezes o Diabo, como anjo caído e fonte do mal, conforme interpretação literal do texto bíblico, é crença comum em alguns segmentos umbandistas. Por outro lado, também é forte, por influência do Espiritismo (Kardecismo), a leitura simbólica do Diabo como representação e síntese de espíritos que ainda vibram predominantemente de forma negativa, buscando causar o mal a outrem, mas que, ao longo do tempo e das experiências, também evoluirão.

O diabo é muitas vezes associado preconceituosamente a Exu, até mesmo por alguns umbandistas, em especial os que ainda temem desenvolver e trabalhar a Esquerda.

Esquerda

Na Umbanda, em vez de se cultuar diretamente o Orixá Exu, é mais comum o culto aos Exus e às Pombogiras, trabalhadores da chamada Esquerda, oposto complementar da Direita. Ao longo da História, o conceito de esquerdo/esquerda foi de exclusão e incompreensão. Alguns exemplos: pessoas canhotas vistas sob suspeitas aos olhos de parte do clero e da população da Idade Média; em francês, esquerdo/esquerda é "gauche", que também significa "atrapalhado, destoante"; em italiano, "esquerdo/esquerda" é "sinistro/sinistra", o que nos lembra algo "obscuro".

Incompreendidos e temidos, Exus e Pombogiras vítimas da ingratidão e da intolerância, não apenas de religiões que não dialogam e discriminam a Umbanda e o Candomblé, mas, infelizmente nessas próprias religiões: há pessoas mais velhas do Candomblé que ainda chamam Exus de "escravos" ou "diabos", enquanto alguns umbandistas afirmam "não quererem nada com Exu".

Em linhas gerais, costuma-se, por exemplo, valorizar o médico, e não o lixeiro. Contudo, ambos os profissionais são extremamente importantes para a manutenção da saúde de cada indivíduo e da coletividade. Em termos espirituais, a Esquerda faz o trabalho mais pesado de desmanches de demandas, de policiamento e de proteção de templos. Portanto, toda casa de oração tem os seus Exus, de limpeza energética, enfim. No anonimato, sob nomes genéricos e referentes à linha de atuação ou aos Orixás para os quais trabalham, Exus e Pombogiras são médicos, conselheiros, psicólogos, protetores, exercendo múltiplas funções que podem ser resumidas numa só palavra: Guardiões.

Se em pinturas mediúnicas, Exus e Pombogiras apresentam-se com imagens e fisionomias "normais", por que as estatuetas que os representam parecem, aos olhos do senso comum, associá-los ainda mais ao Diabo cristão? Por três razões básicas:

a) Os símbolos de Exu pertencem a uma cultura diversa do universo cristão. Nela, por exemplo, a sexualidade não se associa ao pecado e, portanto, símbolos fálicos são mais evidentes, ligados tanto ao prazer quanto à fertilidade, enquanto o tridente representa os caminhos, e não algo infernal. O mesmo pode-se dizer, por exemplo, do dragão presente nas imagens de São Miguel e de São Jorge: enquanto no Ocidente cristão ele representa o mal, em várias culturas do Oriente o dragão é símbolo de fogo e de forças espirituais.

b) A área de atuação de Exus e Pombogiras solicita elementos tais quais os utilizados por eles (capas, bastões etc.) ou que os simbolizam (caveiras, fogo etc.), vibrações cromáticas específicas (vermelho e preto) e outros.

c) Do ponto de vista histórico e cultural, quando as comunidades que cultuavam Orixás perceberam, além da segregação, o temor daqueles que os discriminavam, assumiram conscientemente a relação entre Exu e o Diabo cristão, assim representando-o, como mecanismo de afastar de seus locais de encontro e liturgia todo aquele que pudesse prejudicar suas manifestações religiosas. Nesse sentido, muitos dos nomes e pontos cantados de Exu, do ponto de vista espiritual (energias e funções) e cultural-histórico são "infernais".

De modo bem simples, Exus e Pombogiras podem ser definidos como agentes da Luz nas trevas (do erro, da ignorância, da culpa, da maldade etc.).

Encruzilhada

Cruzamento de ruas ou estradas, um dos principais pontos de força da Esquerda, onde são realizadas entregas e cerimônias litúrgicas. Há encruzilhadas masculinas (em forma de +) e femininas (em forma de T). As segundas são específicas para Pombogiras. Forma reduzida: encruza.

Exu

Conhecido pelos Fons como Legba ou Legbara, o Exu iorubano é Orixá bastante controvertido e de difícil compreensão, o que, certamente o levou a ser identificado com o Diabo cristão. Responsável pelo transporte das oferendas aos Orixás e também pela comunicação dos mesmos, é, portanto, seu intermediário. Como reza antigo provérbio, "Sem Exu não se faz nada.".

Seu arquétipo é o daquele que questiona as regras, para quem nem sempre o certo é certo, ou o errado, errado. Assemelha-se bastante ao Trickster dos indígenas norte-americanos. Seus altares e símbolos são fálicos, pois representa a energia criadora e o vigor da sexualidade.

Responsável pela vigia e guarda das passagens, é aquele que abre e fecha caminhos, ajudando a encontrar meios para o progresso além da segurança do lar e protegendo contra os mais diversos perigos e inimigos.

De modo geral, o Orixá Exu não é diretamente cultuado na Umbanda, mas sim os Guardiões (Exus) e Guardiãs (Pombogiras).

Características

Animais: cachorro, galinha preta.

Bebida: cachaça.

Chacra: básico (sacro).

Cores: preto e vermelho.

Comemoração: 13 de junho.

Comida: padê.

Contas: pretas e vermelhas.

Corpo humano e saúde: dores de cabeça relacionadas a problemas no fígado.

Dia da semana: segunda-feira.

Elemento: fogo.

Elementos incompatíveis: comidas brancas, leite, sal.

Ervas: arruda, capim tiririca, hortelã, pimenta, salsa, urtiga.

Flores: cravos vermelhos.

Metal: ferro.

Pedras: granada, ônix, turmalina negra, rubi.

Planeta: Mercúrio.

Pontos da natureza/de força: encruzilhadas, passagens.

Saudação: Laroiê, Exu, Exu Mojubá!

Símbolos: bastão (ogó), tridente.

Sincretismo: Santo Antônio.

Exu Mirim

Os Exus Mirins compõem a Linha da Esquerda, apresentando-se como crianças ou adolescentes. São extrovertidos, brincalhões e trabalham com funções análogas às de Exus e Pombogiras. Utilizam-se dos elementos comuns à Linha da Esquerda (cores, fumo, álcool etc.).

Segundo alguns segmentos umbandistas, eles nunca encarnaram, enquanto que outros sustentam que, à maneira de Exus e Pombogiras, tiveram difícil vivência encarnatória e hoje se utilizam de seus conhecimentos para promover a segurança, a proteção e o bem estar.

Ver **Linha dos Exus**.

Exus

Quando encarnados, geralmente tiveram vida difícil, como boêmios, prostitutas e/ou dançarinas de cabaré (caso de muitas Pombogiras), em experiências de violência, agressão, ódio e vingança. Conforme dito, são agentes da Luz atuando nas trevas. Praticando a caridade, executam a Lei de forma ordenada, sob a regência dos chefes e em nome dos Orixás. Devem ser tratados com respeito e carinho, e não com temor, à maneira como se tratam amigos.

Guardiões não apenas durante as giras e as consultas e atendimentos que dão nas giras de Esquerda, os Exus são os senhores do plano negativo (aqui, "negativo" não possui nenhuma conotação moral ou de desvalor), responsabilizam-se pelos espíritos caídos, sendo, ainda, cobradores dos carmas. Combatem o mal e estabilizam o astral na escuridão. Cortam demanda, desfazem trabalhos de magia negra, auxiliam em descarregos e desobsessões, encaminham espíritos com vibrações deletérias para a Luz ou para ambientes específicos do Astral Inferior, a fim de ser reabilitarem e seguirem a senda da evolução.

Sua roupa geralmente é preta e vermelha, podendo usar capas, bengalas, chapéus e instrumentos como punhais. Como soldados e policiais do Astral, utilizam uniformes apropriados para batalhas, diligências e outros. Suas emanações, quando necessário, são pesadas e intimidam. Em outras circunstâncias, apresentam-se de maneira elegante. Em outras palavras, sua roupagem fluídica depende de vários fatores, como evolução, função, missão, ambiente etc. Podem, ainda, assumir aspecto animalesco, grotesco, possuindo grande capacidade de alterar sua aparência.

Os Exus são alegres e brincalhões e, ao mesmo tempo, dão e exigem respeito. Honram sua palavra e buscam constantemente sua evolução. Guardiões, expõem-se a choques energéticos. Espíritos caridosos, trabalham principalmente em causas ligadas aos assuntos mais terrenos. Se aparentam dureza, franqueza e pouca emotividade, em outros momentos, conforme as circunstâncias, mostram-se amorosos e compassivos, afastando-se, porém, daqueles que visam a atrasar sua evolução. Suas gostosas gargalhadas não são apenas manifestações de alegria, mas também potentes mantras desagregadores de energias deletérias, emitidos com o intuito de equilibrar especialmente pessoas e ambientes.

É muito importante o consulente conhecer a casa que frequenta, para que não se confunda Exu e Pombogira com quiumbas. Pela lei de ação e reação, pedidos e comprometimentos feitos visando ao mal e desrespeitando o livre-arbítrio serão cobrados. Quanto às casas, a fim de se evitar consulentes desavisados, algumas optam por fazer giras de Esquerda fechadas, enquanto outras as fazem abertas, mas quase sempre com pequena preleção a respeito da Esquerda.

OS EXUS E ALGUNS PONTOS DE VIBRAÇÃO

Cemitério	Geralmente trabalham para Obaluaê. Alguns operam em trabalhos, obrigações, descarregos, mas não dão consultas. Trabalham, quando em consulta, descarregando o consulente, sendo sérios e discretos.
Encruzilhada	Além de se apresentarem em trabalhos, obrigações e descarregos, gostam de dar consultas. Nem tão sérios quanto os Exus de cemitério nem tão brincalhões quanto os Exus de estrada. Trabalham para diversos Orixás.
Estrada	Movimentam-se bastante, dão consultas, são brincalhões e apreciam uma boa gargalhada, o que não significa bagunça; sua descontração não rima com esculhambação.

Fundanga

Pólvora. A principal função da pólvora é desagregar energias deletérias, que se apresentam de diversas formas. Por isso é empregada em descarregos, estouros e outros rituais de limpeza, defesa e proteção.

Incorporar

Forma popular com que se refere ao fenômeno mediúnico em que um ser do plano espiritual (superior ou inferior) coordena os movimentos do corpo do médium (postura, gestos, palavras etc.). Para tanto, em linhas gerais, o espírito do médium se afasta (não se desprende totalmente, ou haveria óbito) para que o ser espiritual possa plasmar-se e comandar os movimentos.

Conforme o estado de acompanhamento do médium em relação ao fenômeno, a incorporação pode ser consciente, inconsciente ou semiconsciente, havendo, portanto, médiuns que se mantêm conscientes, inconscientes ou semiconscientes durante a incorporação. O desenvolvimento mediúnico deve ser orientado e seguro para que não haja dúvidas ou mistificações.

Laroiê!

Saudação a Exus e Pombogiras. Significa "Salve Mensageiro (ou Pombogira)!".

Livre-arbítrio

Princípio amplamente respeitado na Umbanda, seja nas escolhas pessoais de cada um, seja nas intenções de preces, trabalhos, oferendas e outros, isto é, respeita-se o próprio livre-arbítrio e o dos demais.

Malandros

Costumam trabalhar para diversos assuntos, no desmanche de magias deletérias, na abertura de caminhos, em curas. A capacidade espiritual elevada e a flexibilidade talvez sejam mais bem representadas por Zé Pelintra (ou Zé Pilintra), que se apresenta, por exemplo, no Catimbó e, na Umbanda, nas giras de Malandros, na Linha das Almas, entre os Baianos e, embora não seja propriamente Exus, na Esquerda (Como diz um célebre ponto, "na direita ou na esquerda/

seu serviço é aprovado".). Dentre as Malandras, uma das mais célebres é Maria Navalha.

Brincalhões, gostam de dançar, de festas e vestem-se com aprumo, em especial com terno branco, sapato branco ou branco e vermelho, chapéu branco com fita vermelha ou chapéu de palha, gravata vermelha e bengala. Fumam cigarros, cigarrilhas ou charutos, bebem batidas, conhaque, uísque, cerveja e outros. Suas guias variam, podendo ser, por exemplo, vermelhas e brancas, vermelhas e pretas, brancas e pretas, de coquinho com olho-de-exu etc. Seus pontos de força são morros, cemitérios, encruzilhadas e outros. Nas portas de terreiro por vezes há uma imagem de Malandro, pois costumam tomar conta de entradas, portas e similares. Pela Lei de Evolução, os Malandros podem vir a se tornar Exus, continuando seu trabalho de assistência e proteção.

Trata-se de espíritos que geralmente, em vida, se envolveram com jogos, boemia, prostituição e outros, trabalhando para a Luz, utilizam-se da malandragem sadia para driblar situações negativas, sempre respeitando o livre-arbítrio, ensinando a todos a não a puxar o tapete de alguém, mas a ficar esperto para não deixar que ninguém puxe o seu.

O Zé Pelintra histórico, arquétipo maior dos Malandros, é identificado com a figura de José dos Anjos, nascido no interior de Pernambuco, negro forte que adorava jogar, beber, brigar e era mulherengo. Era especialmente bondoso com as mulheres. Levava o jogo a sério, mas não enganava os ingênuos, chegando a dispensá-los dos jogos. Quanto aos que se pretendiam espertos, enganava-os nos dados e nas cartas, buscando sempre levar a melhor, enquanto bebia prazerosamente. Teve morte misteriosa, atribuída por muitos a uma de suas amantes, que teria sido responsável por seu envenenamento.

Camisa Listrada, Malandrinho, Maria do Cais, Maria Navalha, Sete Navalhadas, Zé do Coco, Zé de Légua, Zé da Luz, Zé Malandro, Zé Moreno, Zé Pelintra, Zé Pereira, Zé Pretinho.

Marafo
Aguardente. Do quimbundo "malufo", que significa "vinho". Também conhecido como "marafa".

Mojubá
Saudação a Exu. Originalmente, em África e no Candomblé Ketu, como é possível verificar-se em vários orikis, saudação respeitosa dirigida aos Orixás, com o sentido de "Eu o(a) saúdo!". Do iorubá "mo juba", com o sentido de "Eu o(a) reconheço como superior.".

Obrigação
Cada vez mais se consideram as obrigações não apenas como um compromisso, mas, literalmente como uma maneira de dizer obrigado(a).

Em linhas gerais, as obrigações se constituem em oferendas feitas para, dentre outros, agradecer, fazer pedidos, reconciliar-se, isto é, reequilibrar a própria energia com as energias dos Orixás. Os elementos oferendados, em sintonia com as energias de cada Orixá, serão utilizados pelos mesmos como combustíveis ou repositores energéticos para ações magísticas, da mesma forma que o álcool, o alimento e o fumo utilizados quando o médium está incorporado. Daí a importância de cada elemento ser escolhido com amor, qualidade, devoção e pensamento adequado.

Existem obrigações menores e maiores, variando de terreiro para terreiro, periódicas ou solicitadas de acordo com as circunstâncias, conforme o tempo de desenvolvimento mediúnico e a responsabilidade de cada um com seus Orixás, com sua coroa, como no caso da saída, quando o médium deixa o recolhimento e, após período de preparação, apresenta solenemente seu Orixá, ou é, por exemplo, apresentado como sacerdote ou ogã e outros.

Embora cada casa siga um núcleo comum de obrigações fixadas e de elementos para cada uma delas, dependendo de seu destinatário, há uma variação grande de cores, objetos, características. Portanto, para se evitar o uso de elementos incompatíveis para os Orixás, há que se dialogar com a Espiritualidade e com os dirigentes espirituais, a fim de que tudo seja corretamente empregado ou, conforme as circunstâncias, algo seja substituído.

Padê

Oferenda a Exu, variando de água e farofa a carne, pimenta, bebidas e outros elementos, conforme o contexto. O padê, em algumas casas de Umbanda, é oferecido antes da abertura da gira (geralmente água e farofa), quando se firma a tronqueira (velas, cigarros e bebidas), por exemplo, ou pouco depois, não para afastar ("despachar") Exu, como pensa o senso comum, mas para ativar seu trabalho de proteção.

Já no Candomblé, "ipadê" é o ritual que antecede todos os demais, no qual o Orixá Exu é firmado como guardião do Axé, a fim de proteger a casa e as pessoas. Para tanto, são utilizadas comidas típicas de Exu, como o padê (farofa especialmente preparada), vela e água. Após cantos e danças, a quartinha com água, a vela e o padê são levados para fora do barracão. Os demais rituais têm prosseguimento. Em iorubá, "pàdé" significa "reunião". A distinção entre ipadê e padê não é consenso em todas as casas de Candomblé.

Pombogira

O termo Pombogira é uma corruptela de Bombojira, que, em terreiros bantos, significa Exu, vocábulo que, por sua vez, deriva do quicongo "mpambu-a-nzila" (em quimbundo, "pambuanjila"), com o significado de "encruzilhada".

A Pombogira trabalha com o desejo, especialmente sexual, freando os exageros e deturpações sexuais dos seres humanos (encarnados ou desencarnados), direcionando-lhes a energia para aspectos construtivos. Algumas delas, em vida, estiveram ligadas a várias formas de desequilíbrio sexuais: pela Lei de Ação e Reação, praticando a caridade, evoluem e auxiliam outros seres à evolução.

Alegres, divertidas, simpáticas, conhecem a alma humana e suas intenções. Sensuais e equilibradas, descarregam pessoas e ambientes de energias viciadas. Gostam de dançar.

Infelizmente, são bastante confundidas com quiumbas e consideradas responsáveis por amarrações de casais, separações e outros, quando, na verdade, seu trabalho é o de equilibrar as energias do desejo. Exemplo: quando alguém é viciado em sexo (desequilíbrio), podem encaminhar circunstâncias para que a pessoa tenha verdadeira overdose de sexo, de modo a esgotá-la e poder trabalhá-la para o reequilíbrio. Assim como os Exus de caráter masculino, as Pombogiras são agentes cármicos da Lei. Exu se relaciona diretamente à aplicação da Lei, Pombogira, ao carma.

Ponto cantado

Um dos responsáveis pela manutenção da vibração das giras e de outros trabalhos. Verdadeiros mantras, os pontos cantados mobilizam forças da natureza, atraem determinadas vibrações, Orixás, Guias e Guardiões.

Com diversidade, o ponto cantado impregna o ambiente de determinadas energias enquanto o libera de outras finalidades, representam imagens e traduzem sentimentos ligados a cada vibração, variando de Orixá para Orixá, Linha para Linha, circunstância para circunstância etc. Aliado ao toque e às palmas, o ponto cantado é um fundamento bastante importante na Umbanda e em seus rituais.

Em linhas gerais, dividem-se em pontos de raiz, trazidos pela Espiritualidade, e terrenos, elaborados por encarnados e apresentados à Espiritualidade, que os ratifica.

Há pontos cantados que migraram para a Música Popular Brasileira (MPB) e canções de MPB que são utilizadas como pontos cantados em muitos templos.

Ponto riscado

Muito mais do que meio de identificação de Orixás, Guias e Guardiões, os pontos riscados constituem fundamento de Umbanda, sendo instrumentos de trabalhos magísticos, riscados com pemba (giz), bordados em tecidos etc. Funcionam como chaves, meios de comunicação entre os planos, proteção, tendo, ainda, diversas outras funções, tanto no plano dos encarnados quanto no da Espiritualidade.

O ponto riscado de um determinado Caboclo Pena Branca, por exemplo, embora tenha elementos comuns, poderá diferir do ponto de outro Caboclo Pena Branca. Portanto, os pontos riscados que aparecem nos mais diversos materiais de estudos de Umbanda servem de base para a compreensão do tema, mas não devem ser copiados. De qualquer maneira, embora também possam variar, existem elementos comuns para os diversos Orixás e, consequentemente, para as Linhas que regem, conforme a tabela:

Iansã	Raio, taça.
Ibejis	Brinquedos em geral, bonecos, carrinhos, pirulitos etc.
Iemanjá	Âncora, estrelas, ondas etc.
Nanã	Chave, ibiri.
Obaluaiê	Cruzeiro das almas.
Ogum	Bandeira usada pelos cavaleiros, espada, instrumentos de combate, lança.
Oxalá	Representações da luz.
Oxóssi	Arco e flecha.
Oxum	Coração, lua etc.
Xangô	Machado.

O tridente é um elemento comum nos pontos riscados de Exus e Pombogiras.

Quando se trata de Orixás, símbolos não são apenas símbolos. Por exemplo, o símbolo de um Orixá num ponto riscado abre dimensões para o trabalho espiritual. O mesmo se dá com as ferramentas de Orixás: quando Xangô dança num barracão e utiliza seu machado, estão sendo cortadas energias deletérias e disseminados os Axés dos Orixás.

Geralmente o senso comum associa as Pombogiras a prostitutas. Se muitas delas estão resgatando débitos relacionados à sexualidade, isso ocorre, contudo, não apenas por promiscuidade e pelas consequências energéticas e de fatos decorrentes da mesma, mas também pela abstinência sexual ideológica e religiosamente imposta, caso de muitas mulheres que professaram votos celibatários, mas foram grandes agressoras de crianças, pessoas amarguradas praguejando contra mulheres com vida sexual ativa etc.

Suas cores geralmente são o vermelho e o preto. Alguns nomes: Maria Molambo, Sete-Saias, Maria Padilha, Pombogira do Cruzeiro, Pombogira Rosa Caveira etc.

Quiumba

Espírito obsessor, zombeteiro, com baixa vibração energética, que busca provocar confusão, arruaça, vingança etc., necessitando de encaminhamento e/ou doutrinação. Do quicongo "kiniumba", que significa "espírito".

Quiumbanda

Prática maléfica, associada a quiumbas. No cotidiano, o termo é confundido com Quimbanda/Esquerda, gerando confusão.

Surra de Santo

A chamada, popularmente, surra de Santo é um choque energético causado pela incompatibilidade entre a energia do Orixá, Guia ou

Guardião e seu médium, o que pode ocasionar mal estar e, por exemplo, queda de médium já experiente e coroado (com determinadas obrigações feitas) no momento da desincorporação. Por vezes, ocorre o afastamento temporário (principalmente na incorporação) por parte de Orixás, Guias e Guardiões em virtude da incompatibilidade vibratória ocasionada por determinadas posturas do médium. A isso se dá o nome popular de "dar as costas".

Referência Bibliográfica:

BARBOSA JR., Ademir. *Dicionário de Umbanda.* São Paulo: Anúbis, 2015

O Autor

Ademir Barbosa Júnior (Dermes) é sacerdote umbandista, escritor, pesquisador e um dos dirigentes da Tenda de Umbanda Iansã Matamba e Caboclo Jiboia, que tem à frente sua esposa, a escritora e blogueira Mãe Karol Souza Barbosa. Mestre em Literatura Brasileira pela USP, onde também se graduou em Letras, é professor, tradutor, revisor, terapeuta holístico, trabalhando principalmente com Reiki (do qual é Mestre), Tarô de Marselha, Baralho Cigano e Numerologia. Já produziu diversos curtas-metragens com a temática dos Orixás e coordenou fóruns, eventos, festas públicas e outros, congregando Umbanda, Candomblé, Pastoral Afro (Igreja Católica), MPB, Ioga, Dança do Ventre e outros segmentos. É presidente da Associação Brasileira de Escritores Afro-religiosos (Abeafro). Nasceu em Piracicaba – SP, no dia 02 de agosto de 1972. Tem percorrido terreiros, instituições e participado de fóruns, inclusive virtuais, gratuitamente, com as palestras "A Umbanda e a Espiritualidade no Terceiro Milênio" e "Teologia de Umbanda e suas dimensões", em companhia de Mãe Karol, que ministra, também gratuitamente, dentre outras, a palestra "Exus e Pombogiras – Agentes de Luz nas Trevas".

Contatos:
E-mail: ademirbarbosajunior@yahoo.com.br
WhatsApp: 47 97741999.